KB103380

엄마가 아들에게 전하는
그림 편지

엄마가 아들에게 전하는
그림 편지

강안 글·그림

(주)다연
DAYEONBOOK

행복은, 마음이 가득해지는 것

동네 호숫가 둘레길을 산책하던 중이었어.

겨울이라 호수 가장자리에는 얼음이 얼어 있었고, 봄 여름 가을 내내 풍경과 사람들을 태우던 오리배는 호수 한 켠에 묶여 있었지.

사람 한 무리가 오리배 가까이에 모여 있었어. 무슨 일인가 싶어 한달음에 달려갔는데 글쎄, 오리 한 마리가 얼음 위에서 알 한 개를 바라보고 서 있는 거야. 사람들이 그 광경을 보고 있었던 거지. "이를 어째! 이를 어째!" 하면서 말이야.

오리는 어쩌다 이런 황망한 일을 당했을까? 누군가가 일부러 그곳에 오리의 알을 가져다 둔 것도 아니었을 텐데. 오리는 알에서 시선을 떼지 않았어.

곧 어둠이 내릴 텐데……. 나는 별의별 상상과 추측을 하며 저물어 가는 해를 묶어두고 싶었단다.

사람들 모두 안타까운 표정으로 그저 지켜볼 뿐 오리를 도와주지 못했지. 누군가가 설령 도와주려는 마음이 있었다 해도 얼음을 밟는 순간 물에 풍당 빠질 게 뻔했으니까. 얼핏 보아도 얼음이 그리 두꺼워 보이지 않았단다. 하지만 제힘으로 어쩌지 못해 알 곁에 서 있을 수밖에 없는 오리의 마음을 헤아리느라 모두가 쉽게 자리를 뜨지 못했어.

그런데 놀랍게도 한 청년이 국자를 매단 긴 장대를 들고 달려왔단다. 청년은 국자에 알을 담으려 안간힘을 썼지만 쉬워 보이지 않았어. 알이 이리저리 굴렀지만, 청년은 포기하지 않고 어렵사리 알을 국자에 담았지.

"우와! 세상에 이런 일이!"

그 광경을 지켜보던 사람들은 힘껏 박수를 쳤고 환호성을 질렀단다.

청년은 넉넉해 보이는 마른 풀 위에 둥지를 만들고 알을 넣어주었어. 오리는 머뭇거리는가 싶더니 마침내 둥지 안으로 들어가 알을 품었지.

호숫가 카페의 노란 불빛이 하나둘 물 위에 떠올랐고, 훈훈한 영화 한 편을 본 표정으로 사람들은 미소를 가득 머금은 채 자리를 떠났어.

청년은 어떻게 그런 기지를 발휘할 수 있었을까? 그의 지혜와 오리에 대한 연민, 앞으로 청년이 살아갈 삶을 생각하니 참 흐뭇했다.

엄마는 길을 걸을 때, 주변의 풍경에 마음을 뺏겨 목적지를 잃는 경우가 종종 있어. 그러다 클로버가 무성한 풀밭을 만나면 네 잎 클로버를 찾느라 왕잠자리 눈이 되곤 하지. 흔해 빠진 세 잎 클로버 따위는 마음에 두지 않았단다. 네 잎 클로버를 찾느라 이름 모를 풀꽃을 밟기도 했고, 제비꽃을 엉덩이로 뭉개기도 했지.

그런데 어느 날 마트에서 네 잎 클로버를 무더기로 발견했단다. 하우스에서 재배했다는 네 잎 클로버가 플라스틱 용기에 뭉치로 담겨 있었지. 내가 그리 찾던 행운의 클로버가 마트 진열대에 쌓여 있다니? 나는 네 잎 클로버 찾는 일을 그만두었어. 그 후 작은 풀꽃이 눈에 들어오기 시작했지. 틈새를 비집고 나온 그 작은 것들이 너무 장해 쓰다듬어주고, 고 녀석들의 이름을 불러주었단다.

'행복은 행운이나 물질로 가득 채워지는 게 아니라 마음이 가득해지는 것'이라고 했던 타샤 투더 할머니의 말을 마음에 두고 사는 지금, 엄마는 참 행복하다. 너도 그런 마음을 간직했으면 좋겠다. 엄마처럼 네 잎 클로버를 찾으려고 제비꽃과 아기별꽃을 지나치는 사람이 되지 않았으면 좋겠어. 행복은 그저 주어지는 게 아니라 만들어가는 것임을 잊지 말았으면 해. 네가 살면서 허황한 것에 발을 내딛지 않고 소소한 행복에 마음이 닿았으면 해.

네 삶이 마구 흔들릴 때, 촉촉한 위로가 필요할 때, 엄마가 생각날 때 이 편지를 펼쳐보아라.

네 삶이 단단해지고 가슴이 좀 더 말랑말랑해지길 바라며 나비의 날개 위에 이 편지를 얹어 보낸다.

2022년 초여름
엄마가

엄마는 네가 살아가면서
네게 우산을 씌워준
친구의 마음을 잊지 않길 바라.

비 오는 날

애야, 한바탕 비가 쏟아지려나 보다. 바람이 불고 하늘이 몹시 무거워 보이는구나.

아마 네가 초등학교 일학년이었을 거야. 갑자기 네 하교 시간에 맞춰 내린 비로 엄마는 일터에서 마음을 졸였지.

우산을 들고 마중을 나올 수 없는 엄마를 생각하며 그때 넌 무슨 생각을 했을까?

용기 내어 빗속을 달렸을까? 울며 엄마를 원망했을까? 온갖 생각이 마음을 헤집었단다. 미안한 마음이 가득 차 허둥지둥 현관문을 들어선 내게 너는 큰 소리로 말했지.

"엄마, 친구랑 우산 쓰고 왔어!"

그 말에 하마터면 엄마는 울 뻔했다. 너에게 우산을 씌워준 친구가 있었다니!

그런 친구가 네 곁에 있다는 게 얼마나 내게 위로가 되었는지 몰라.

친구는 너와 우산을 받느라 아마 한쪽 어깨와 다리가 젖었겠지? 그럴 줄 알면서도 우산 한 켠을 네게 내어주었구나.

네가 그런 친구를 두었다고 생각하니, 그날 엄만 참 행복했다.

엄마는 네가 살아가면서 네게 우산을 씌워준 친구의 마음을 잊지 않길 바라.

그 친구처럼 너도 누군가와 함께 우산을 쓰고 장대비도 함께 맞는 친구가 되어주었으면 좋겠다.

영화 〈굿바이 마이 프랜드〉의 '에릭'이라는 소년이 생각난다.

수혈을 잘못 받아 불치병에 걸린 '텍스터'라는 소년이 있었지. 세상 사람들로부터 소외당한 채 외롭게 지내던 아이였어. 그런 친구에게 시간을 들이고 추억을 만들어주던 게 에릭이었단다.

어려움에 처한 친구를 모른 척하기는 쉽지. 많은 노력과 인내가 필요하니까.

엄마는 네가 아픈 친구나 비를 맞고 걸어가는 친구를 모른 체하는 사람이 되지 않길 바라.

네게 우산을 받쳐준 친구처럼, 아픈 친구 곁에 끝까지 있어준 에릭처럼 말이다.

신영복 시인이 옥중에서 쓴 '함께 맞는 비'라는 글이 있단다. 비를 왜 함께 맞느냐고?

우정이란 '함께' 우산을 쓰기도 하지만 '함께' 비를 맞을 수도 있어야 한다고 엄마는 이해했다.

'함께'라는 말, 얼마나 예쁘니!

이 따뜻한 말의 힘을 믿고, 그 말의 위로 안에서, 옹기종기 모여 모닥불을 쬐는 사람들처럼 네가 친구들과 온기를 나누며 살아가길 바라.

그래야 살면서 조금 덜 외로울 거야.

친구와 이웃, 동료들과 함께 웃고 슬퍼하는 너의 평범한 일상이 세상에서 가장 행복한 사람의 것이라고 엄마는 믿고 있다.

비가 내리는 오늘, 친구 우산을 함께 쓰고 와 기뻐했던 네 생각을 문득 하게 되었다.

지금, 엄마는 언제라도 우산을 들고 마중을 나갈 수 있는데, 너는 이미 훌쩍 자라 엄마의 우산이 필요 없게 되었구나.

누군가와 우산을 함께 쓰는 마음을 놓지 말아라. 그것은 비를 맞는 사람이 너일 수도 있기 때문이란다.

누군가와 우산을
함께 쓰는 마음을 놓지 말아라.
그것은 비를 맞는 사람이
너일 수도 있기 때문이란다.

정원사의 마음

공원을 산책하는 중이었다. 정원사가 공원 한 켠에 서 있는 나무를 가지치기하려고 사다리를 얹고 올라가고 있었지.

그런데 정원사는 가지는 치지 않고 사다리에서 내려와 빙긋 웃더구나. 그는 나와 눈이 마주치자 나무 위를 가리켰어. 나뭇잎 사이로 얼핏 까치집 한 채가 보였다.

난처해하면서도 흐뭇하게 웃고 있던 그 정원사를 나는 한참 바라보았단다.

까치네 집이 온전해서 참 다행이라고 생각하면서도, 정원사가 일을 제대로 하지 못했다고 그의 직장 상사에게 야단맞을지도 모르겠다는 걱정을 좀 했다.

네가 그 정원사였다면 어떻게 했을까.

1985년, 먼바다에서 참치잡이를 마치고 부산항으로 돌아오던 전재용 선장은 바다에 표류하고 있는 배 한 척을 발견했단다. 베트남이 공산화되면서 자유를 찾아 떠난 보트피플이었지.

　　선장은 표류 중인 사람들을 구해 돌아가겠다고 회사에 연락했어. 회사에서는 그냥 돌아오라는 말만 반복했지. 하지만 그는 난민 아흔여섯 명을 어선에 싣고, 얼마 되지 않은 식량을 나눠 먹으며 부산항에 도착했단다.

　　선장은 즉시 회사로부터 해고당했고, 재취업하려 했지만 받아주는 데가 없어서 고향으로 가 농사를 지으며 살았다.

　　소크라테스는 살아가는 동안 늘 '양심의 소리'에 귀를 기울여야 한다고 했는데, 선장은 그 양심의 소리에 귀 기울이며 살았던 게 아닐까.

　　무엇이 정의롭고 선한 일인지를 알았던 거야. 비좁은 보트에 포개 앉은 채 사흘간을 바다에서 표류하던 사람들이 선장의 배를 만났을

때, 마음이 어땠을까.

사람들의 외침을 모른 체하고 올 수 없었던 선장은 회사의 명령을 어길 수밖에 없었던 거야.

옳고 그름을 판단하고 행동을 이끄는 분별력의 출발점은 바로 '양심'이란다. 그 기저에는 '측은지심'이 자리하지. 그것이 마음을 움직이면 전재용 선장처럼 생명을 살릴 수도 있고 의로운 일을 할 수도 있어.

까치집 때문에 자기 임무에 충실하지 못한 정원사의 마음도 그러하지 않았을까? 측은지심 때문에 자신이 해야 할 일을 하지 못했던 거야.

엄마는 네가 무슨 일을 하든 양심에 따라 한 점 부끄럼 없는 삶을 살았으면 해.

보이는 게 전부가 아니야

언젠가 작은 섬마을에 간 적이 있었다.

배를 타고 들어갔다 나오려고 하는데, 바닥이 훤히 드러난 바다를 보았어. 내가 서 있는 곳이 섬이라고 생각했는데, 섬이 아니라 육지였다는 사실을 깨닫고 놀랐단다.

크고 나지막한 언덕들이 물에 잠겨 있었다는 걸 몰랐던 거야. 물에 잠겨 있던 언덕들이 햇살에 몸을 말리며 고슬고슬한 바람을 맞고 있더구나. 그곳에 나무 몇 그루만 서 있었다면 아마 우리 동네라고 생각했을지도 몰라. 물의 일부, 보이는 것을 통해 전체를 알기란 쉽지 않단다.

보이는 것을 통해 보이지 않는 것까지 볼 수 있다면 얼마나 좋았을까? 단편적인 앎을 통해 전체를 안다고 단언하는 게 아니었는데……. 그곳에 가서야 새삼 깨닫게 되었다.

옛날, 장님들이 모여 코끼리의 생김새에 대해 얘기했단다. 코끼리 다리를 만져본 첫 번째 장님은 코끼리가 기둥과 같은 거라고 말했지. 코끼리 코를 만져본 두 번째 장님은 "밧줄처럼 생겼던데!"라고 말했어. 등을 만진 세 번째 장님은 이렇게 말했지.

"너희들 모두 틀렸어. 코끼리는 언덕처럼 생겼거든!"

거지라 놀림받고 무시당하며 살던 한 아이가 있었다. 가난했고 배우지 못해서 허드렛일하며 겨우 먹고 살았지. 그러던 어느 날, 아이는 왕궁 앞을 지나다 궁 안을 바라보았어.

궁 안에는 왕자가 살고 있었는데, 왕자는 늘 바깥세상이 궁금해 미칠 지경이었지. 때마침 궁 안을 바라보고 있는 거지 아이를 본 왕자는 그 아이와 옷을 바꿔 입고 성문 밖으로 나왔어.

엉겁결에 왕자가 된 거지 아이는 왕자처럼 궁에서 생활하게 되었지.

궁 밖으로 나온 왕자는 어떻게 되었을까?

누더기 옷을 입은 탓에 거지 취급을 당했고, 심지어 일을 못해서 매질까지 당했어. 그렇게 고달픈 날들을 보내다 보니 왕자는 세상 구경은 고사하고 하루빨리 궁으로 돌아가고 싶은 생각이 굴뚝같았지.

왕자는 궁으로 가 문을 열라고 소리쳤어.

"난 왕자야, 빨리 문 열어!"

경비병은 "웬 미친 거지야?" 하며 왕자를 쫓아버렸단다.

왕자는 몹시 억울했지. 그 누구도 누더기를 걸친 왕자를 왕자로 인정하지 않았거든.

네가 어려서 읽고 또 잃었던 동화 《왕자와 거지》란다.

사람들은 왜 왕자를 거지라고 생각했고, 왜 거지 아이를 왕자라고 생각했을까? 왜 구분하지 못했을까?

한번 생각해보렴.

우리 손잡고 가면,
같이 일등을 하는 거야!

손잡고 가면

　지난해, 용문사에 템플스테이를 하러 가던 날이었다.

　사찰을 향해 가고 있는데, 한 가족이 앞서 걸어가고 있었지. 어린 형제가 장난을 치며 가고 있더구나.

　"저기까지 먼저 가는 사람이 일등!"

　형이 저 앞 나무를 가리키며 외쳤단다.

　형과 동생은 달리기 시작했어. 하지만 동생은 앞서 달리는 형을 따라잡을 수 없었지.

　"형아!"

　오르막길이었는데, 동생은 가쁘게 숨을 몰아쉬며 형을 부르더구나. 그러자 앞서 달리던 형이 돌아와 동생 손을 잡고 이렇게 말했단다.

　"우리 손잡고 가면, 같이 일등을 하는 거야!"

　형제는 손을 꼭 맞잡고 결승선을 향해 함께 뛰어갔어. 뒤따라가던 아이들의 부모가 그 모습을 흐뭇하게 바라보더구나. 몹시 행복해 보였다.

앞으로 그 아이들이 어떻게 성장할지를 가늠해보며 엄마는 너희들을 생각했다.

함께 벼농사를 지어 똑같이 나눈 형과 동생이 밤새 볏단을 서로에게 가져다 놓았다는 옛이야기가 있지.

동생은 가난한 형을 위해 밤에 볏단을 몰래 가져다주었고, 형은 장가도 못 가고 혼자 사는 동생을 생각하며 몰래 볏단을 가져다 놓았어.

달이 밝은 어느 저녁, 볏단을 지고 서로에게 가던 형과 동생이 만나 서로의 사랑을 확인하게 되었다는 '사이좋은 형제' 이야기를 떠올릴 때마다 엄마는 가슴이 뭉클해지곤 한다.

용문사에서 만난 어린 형제도 앞으로 '사이좋은 형제'처럼 살아가겠지?

형은 끝까지 동생의 손을 놓지 않고 함께 걸어갈 거야. 동생이 어떤 어려움과 좌절을 맛본다고 해도 "너를 믿고 형은 기다릴게. 넌 잘할 수 있어!" 하며 지지하고 응원하면서 말이다.

아마 동생 또한 그런 형을 믿고 따르며 형이 걸어가는 길목마다 깃발을 들고 목청을 높여 형을 응원할 거야.

엄마는 형제가 이웃사촌만도 못한 원수가 되어 사는 경우를 여럿 보았다. 남보다 못한 사이, 어쩌다 그리되었을까? 어쩌다 서로의 가슴에 상처를 내고 비수를 꽂게 되었을까?

세상 떠난 부모의 재산을 더 갖겠다고 소송을 벌이는 자식들에 관한 신문 기사를 읽다 용문사에서 만난 어린 형제가 떠올랐다. 가을 오후, 담벼락에 기대어 서 있는 해바라기에 꿀벌 두 마리가 사이좋게 날고 있더라.

지지대가 되어본 적 있니?

미국의 '윙코'라는 마트에서 식료품 몇 가지를 산 뒤 계산하려던 참이었다. 신용카드를 내밀자 계산원은 현금지불만 가능하다고 말했지. 계산원은 마트 입구에 현금지급기가 있다고 가리켰지만, 자동지급기를 사용해본 적 없어서 몹시 난감했단다.

물건을 제자리에 가져다 놓으려고 막 돌아서는데, 뒤에 서 있던 중년 여성이 계산대에 돈을 내밀었어. 너무나 고마워하는 나의 마음을 꿰뚫어 본 듯 그녀가 말했어.

"내 기쁨이에요!"

나는 그녀에게 전화번호를 달라고 부탁했지. 돈을 갚고 맛있는 음식이라도 대접하려 했는데, 그녀는 한사코 손사래를 치며 말했단다.

"내가 당신한테 한 것처럼 당신도 누군가에게 그렇게 하면 돼요."

그녀는 나를 향해 환하게 웃고는 자리를 떠났어.

또 이런 일도 있었지. 어느 늦은 밤이었어. 누군가가 현관문을 두드려 나가 보니 나이 지긋한 중년 남자가 서 있었단다.

"이 지갑 주인이 여기 사나요?"

그가 내민 지갑을 보니, 세상에! 내 지갑이었지, 뭐야. 지갑을 잃어버린 줄도 몰랐는데……. 눈이 휘둥그레진 내게 그가 말했어.

"빵집에서 일하는 딸이 집에 돌아오는 길에 주웠는데, 신분증이 있어 주소를 보고 찾아왔습니다."

그 늦은 밤에 말이다.

"잃어버린 지갑 때문에 잠을 못 이룰 것 같아 늦었지만 찾아왔어요"라고 말했던 그 남자……. 그의 따뜻한 배려에 감동했단다. 과연 나는 그럴 수 있을까? 설령, 지갑을 전해줄 마음이 있다 해도 날이 밝아 경찰서에 가져다주면 되었을 텐데…….

세상에는 그렇게 할 수 있는 사람과 그렇게 할 수 없는 사람 두 부류가 있다는데, 과연 나는 어떤 사람일까? 생각이 참 많았단다.

엄마가 얼마나 길치인지를 너는 잘 알 거야. 일본에서 버스 정류장을 찾아가는데, 도저히 지도를 봐도 알 수 없어 묻고 물어가며 목적지를 찾아가던 중이었다.

자전거를 타고 가던 중년 여성은 길가에 자전거를 세워 둔 채 목적지까지 이십여 분 거리를 함께 가주었어. 감사한 마음 온전히 전할 길 없어 배낭 속 김과 깻잎 통조림을 꺼내 건넸는데, 그녀는 한국 김을 엄청 좋아한다며 그걸 가슴에 품은 채 이어 말했단다.

"저도, 전에 이런 도움을 받았거든요!"

환한 미소를 지으며 떠난 그녀의 뒷모습이 얼마나 예뻤는지 몰라. 그 말이 마음 깊숙이 내려앉아 참 따뜻했다.

그 선한 행동이 주는 감동을 통해 나도 살아가면서 조금 더 친절하고 따뜻한 사람이 되겠다는 다짐을 했단다. '사랑은 만들어가는 것'이라는 말에 전적으로 동의하면서 말이다.

네가 베푼 친절이 누군가에게 받은 친절이며, 네가 베푼 사랑이 누군가에게 받은 사랑이라는 사실을 잊지 말아라.

한 사람의 선한 행동이 한 사람의 마음을 움직여 또 다른 사람의 마음을 움직이게 할 수 있다는 걸, 나는 내게 친절을 베푼 사람들을 통해 알게 되었다.

네가 그들처럼 세상에 선한 영향력을 줄 수 있는 사람으로 성장해주길 엄마는 늘 바라고 있다.

마음을 들여다본다는 것

오이를 기르는 한 농부는 일할 때 모차르트 음악을 즐겨 들었다고
해. 하우스에서 기른 농부의 오이는 다른 하우스에서 자란 오이보다
병충해 없이 잘 자랐단다.

농부는 오이가 모차르트 음악을 좋아한다는 걸 알고 실험을 해보기
로 했어. 다른 하우스에는 음악을 틀어주지 않았지. 음악을 듣지 않고
자란 오이는 병충해에 약했고 수확량도 적었단다.

세상에, 식물이 모차르트 음악을 좋아한다?

한 식물 연구자가 편백나무 두 그루를 화분에 심어 현관 입구에 두
었대. 그러고는 매일 집을 드나들면서 한쪽 나무에게 사랑한다고 말
해주었고, 다른 한쪽 나무에게는 눈길조차 주지 않았지. 놀라운 건, 눈
길조차 받지 못한 나무는 누렇게 잎이 변하면서 말라 죽었다는 거야.

생명을 소중히 여기고 그것들과 교감할 수 있을 때
네 삶이 훨씬 반짝일 거라고 엄마는 믿고 있다.

물을 제때 주지 않았을 거라고? 그저 한쪽 나무에 시선을 두지 않았을 뿐 모든 환경 조건은 똑같았다고 해.

과학자들은 식물이 통증을 느끼지 못하고 감정도 없다고 했지만, 엄마는 식물에게도 감정이 있다고 믿어. 식물은 과학적 논리만으로 설명할 수 없는 경이로운 존재란다.

엄마는 아침마다 뜰에 나가 식물과 인사를 나누며 하루를 시작해. 밤새 달팽이가 괴롭히지 않았는지, 자리가 습해 쥐며느리가 생기지 않았는지, 영양 결핍은 아닌지, 수분은 적당한지, 바람은 잘 드는지, 햇살은 적당한지, 잎은 건강한지 들여다보고 살피지. 내 집 안에 들어온 식물은 나를 의지해 삶을 이어가니 그럴 수밖에 없어.

식물을 돌보는 것부터 네가 기르는 강아지에 이르기까지 우리와 관계된 모든 것에는 끝없는 책임이 따른단다. 우리에게 의지한 생명들은 우리의 돌봄과 사랑에 기대어 사니까.

네가 만일 강아지였다면, 제라늄이었다면, 재스민이었다면, 그런 마음으로 그들을 돌봐야겠지.

엄마가 너를 양육하며 무한한 책임감을 느끼고 사랑을 주었듯, 너와 관계된 모든 생명을 그렇게 대하고 보살피길 바라. 생명을 소중히 여기고 그것들과 교감할 수 있을 때 네 삶이 훨씬 반짝일 거라고 엄마는 믿고 있다.

엊그제, 네 책상 위에 놓인 온시리움에 꽃망울이 맺혔던데, 보았니? 용돈도 안 주고 옷도 안 사주고 아이스크림, 빵도 안 사주고 그저 물만 주었을 뿐인데, 척척 잘 자라준 것이 어쩌나 예쁘고 사랑스럽던지. 네가 오며 가며 눈길과 사랑을 주고 칭찬을 많이 해준 게 분명해.

이 세상 살아 있는 모든 것은 저 혼자 크는 게 하나도 없단다. 담쟁이처럼 서로 손을 놓지 않고 함께 크는 거야.

엄마와 네가, 너와 친구가, 친구와 또 다른 친구가, 이 세상에 살아 있는 모든 것은 그렇게 맞닿은 지점에서 서로의 안부를 묻고 사랑을 나누며 끝까지 함께 가는 거지. 그 꼭짓점에 책임이라는 깃발을 세워두고 서로 토닥이면서 말이야.

책상, 의자, 침대 등등 숨 쉬지 않는 것들로 가득 찬 네 방에 유일하게 숨을 쉬며 살아 있는 작은 식물 하나가 꽃을 피웠다는 것! 그게 얼마나 대견하니?

날 좀 붙잡아줄래?

빨래를 널다 빨래집게가 부족했어. 집게 없이 매달려 있던 네 러닝셔츠가 바람에 홀러덩 날아가 앞집 장미 울타리에 앉는 바람에 구멍이 나고 말았지 뭐냐. 네 러닝셔츠에 난 구멍은 그래서 생긴 거야.

그때 알았어. 줄에 널린 빨래도 붙들어줄 집게가 있어야 한다는 걸. 바람은 언제나 예고 없이 불어온다는 것도 알았지.

빨랫줄에 널린 옷들도 그러한데 우리 삶은 어떨까? 시도 때도 없이 바람이 부는 건 빨랫줄이나 우리나 똑같더라. 오늘 너와 통화하는데, 네가 얼마나 지쳐 있는지 알았다. 아니나 다를까, 요즘 힘들다고 했지. 그 말이 하루 종일 내 마음에 그늘이 되었다.

폴 발레리의 시 〈해변의 묘지〉에 나오는 시구절 하나를 엄마는 잊지 않고 있다.

'바람이 분다, 살아야겠다.'

미야자키 하야오는 이 한 줄로부터 영감을 얻어 애니메이션 〈바람이 분다〉를 만들었다고 했지. 관동대지진과 세계대전 속에서도 살아낸 그는 이 작품을 통해 이렇게 말하는 것 같았어. "어려운 삶의 질곡을 빠져나올 수 있었던 건 이 한 줄 시 덕분이었다"라고.

폭풍우를 동반한 거센 바람의 시간을 잘 견뎌야 새로운 시간을 만날 수 있을 거라는 믿음. 살아야겠다, 살아야 한다는 미야자키의 결의를 볼 수 있었지. 그에게 발레리의 시 한 행은 바람에 부대끼는 빨래를 붙잡아주던 집게 아니었을까.

어둠 속에서 방향을 알 수 없는 폭풍을 만난 배는 등대의 불빛이 간절하고, 나침반도 없이 며칠간 사막을 헤매는 여행자는 소나기를 갈구하지.

누구나 크건 작건 살아가는 동안 어둠의 시간이 있게 마련이다. 앞으로 네가 맞이할 어둠의 시간을 덜 힘들게 할 마법 같은 힘은 없단다.

그 누구 못지않게 열심히 살았다고 자부했던 청년이 있었다. 그런데 청년은 예기치 못한 어려움을 맞게 되었어. 신앙심이 좋았던 청년이 하루는 바닷가를 거닐며 기도했지.

"하느님, 저와 항상 함께 있겠다고 하시더니 어려움에 처한 저를 빤히 보고만 계시네요. 저는 겨우 버티고 있어요. 모래 위에 찍힌 제 발자국 보셨나요?"

그러자 하느님이 이렇게 말씀하셨단다.

"얘야, 그 발자국은 네 것이 아니라 내 것이란다. 내가 너를 등에 업고 걷는 중이야."

청년은 하느님이 자신을 마냥 보고 계신다고 원망했는데, 알고 보니 늘 함께 계셨다는 거야.

그 청년이 믿고 의지해온 하느님을 끝까지 믿지 못했던 거지. 그러고 보면 인간이 참 간사해.

'잘되면 제 공, 잘못되면 조상 탓'을 한단 말이야.

믿음을 저버리고 의심하며 남의 탓을 했던 청년은 아마 어려움에 맞닥뜨릴 때마다 누군가를 원망하고 조상 탓을 하며 지지리 궁상맞게 살 거야.

습관이 행동을 만들고 행동이 삶을 만들지. 네가 청년처럼 어려움에 맞서 누군가를 끌어들여 방패를 만들고 뒤에 숨어 징징거리는 짓을 한다면 엄마는 참 슬플 거다.

먼저 네가 처한 어려움이 네 것임을 직시해야 한다. 그 현실을 받아들이고, 문제 해결을 위해 오류를 바로잡거라. 급히 먹는 밥 체한다 했으니, 서두르지 말고 호흡을 고르럼.

미야자키 하야오처럼 '바람이 불지만 나는 살아야겠다' 하며 발레리의 시를 수십 번 음송해도 좋겠고, 부모나 형제 혹은 가까운 지인에게 도움을 청하는 것도 잊지 마. 무언가에 기대어 마음을 추스르더라도, 이 역경은 결국 너 스스로 이겨내야 한다는 걸 잊지 말아라.

너무 몸이 지치거든 집에 오렴. 아욱 된장국에 고슬고슬한 흰 쌀밥을 지어주마. 달래장에 김을 한 장 얹어 먹고 나면 좀 나아질 게다.

지칠 때, 너를 붙들어줄 수 있는 것들이 네 주위에 참 많다는 거 잊지 말고. 힘내라, 아들.

늦은 때란 없다

네 마음에

늘

이런 말을

품는다면……

끝까지 버티면 얻을 수 있는 것

지난해 시월, 난타나 한 그루를 갖게 되었다. 주유소 할아버지가 선물로 주신 것이란다.

할아버지는 식물을 엄청 사랑하셨는데, 그 세차장은 마치 식물원 같았어. 계절마다 다양한 화분이 놓여 드나드는 고객의 눈길을 끌었지. 엄마도 그곳이 좋아 단골이 되었으니까.

유독 눈에 들어왔던 꽃, 할아버지는 이름이 '난타나'라고 하셨다. 엄마가 그 꽃에 관심을 보인 게 잘못이었어. 할아버지는 키가 내 허리만큼 자란 난타나 분을 자동차 뒷좌석에 실어주셨어. 사랑을 듬뿍 받는 곳에 있어야 한다면서 말이다. 만류해도 고집을 꺾지 않으셨지.

언제 맛난 음식이라도 대접해드려야겠다는 마음만 남겨두고 룰루랄라 난타나를 싣고 집으로 돌아왔다. 그런데 웬걸, 집에 들여놓고 보

살다 보면 난타나처럼 환경이 바뀌고
가지까지 꺾여버리는 때가 오기도 한단다.

그런 상황을 맞는 순간이 온다고 해도
절대 희망의 끈을 놓지 말아라.

니 꽃망울이 송알송알 맺힌 가지 하나가 꺾여 있었지 뭐야.

아이코나, 가슴이 쿵 내려앉았지. 곧 꺾어질 것 같았거든. 부러진 가지에 부목을 대어 묶어주고 싶은 심정이었단다. 괜히 자리를 옮겨 애써 키운 꽃을 다치게 한 것 같아 집으로 들여온 걸 엄청 후회했다.

아줌마 욕심 때문에 팔이 하나 부러졌다고, 좁은 뜰보다는 햇살과 바람이 넉넉히 들치는 세차장 뜰이 좋다고, 난타나가 눈을 흘기는 것만 같았다. 안타까운 마음에 인터넷을 통해 난타나 관련 정보를 수집하며 많은 시간을 들였단다. 그런데 놀랍게도 부러진 가지에 매달려 있던 꽃봉오리가 하나둘 열리기 시작했어.

세상에! 끊어지지 않으려고 얼마나 마음을 다잡고 애를 썼을까. 꽃을 피우겠다는 일념으로 얼마나 버티었을까. 얼마나 감동했는지 몰라.

너도 교환학생으로 먼 이국땅에 갔을 때 난타나처럼 힘들었지? 새로운 환경에서, 말도 제대로 통하지 않는 곳에서 얼마나 힘이 들까 하면서도 엄마는 네가 잘 극복할 거라고 늘 믿었다.

너는 힘들게 언어를 익히고 친구를 사귀며 구르는 차돌처럼 단단해졌어. 외로움에 무너지지 않으려고 악기를 배우고 럭비와 테니스도 했다지? 스스로 너를 성장시킨 거야.

살다 보면 난타나처럼 환경이 바뀌고 가지까지 꺾여버리는 때가 오기도 한단다. 예기치 못한 상황들은 항상 네 곁에서 틈을 엿보다 너를 무너뜨리기도 하지. 그런 상황을 맞는 순간이 온다고 해도 절대 희망의 끈을 놓지 말아라. 꺾인 가지에서 힘겹게 꽃을 피워낸 난타나를 보며, 너를 생각하는 중이다.

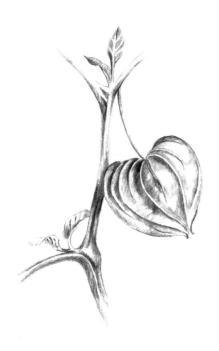

조각 하나가 빠졌니?

셸 실버스타인의 《어디로 갔을까, 나의 한쪽은》이라는 짧은 그림동화, 너도 알지? 동그라미가 떨어져 나간 자신의 일부를 찾아 나서는 모험 이야기 말이다.

동그라미는 떨어져 나간 자신의 조각을 찾았을 때 뛸 듯이 기뻤지. 온전한 동그라미가 되었다면서 말이다. 별 힘을 들이지 않고도 어디든 데굴데굴 잘 굴러갈 수 있게 되었어. 신이 났지. 단숨에 데굴데굴. 그런데 너무 빨리 굴러가다 보니 제대로 멈출 수가 없었어. 어디 그뿐이겠어! 머리가 어질어질, 뭐 하나 제대로 볼 수도 없었지.

그제야 동그라미는 깨달았단다.

'조각 하나쯤 빠져도 괜찮았을 텐데……'

너무 완벽해지려고 애쓰지 말아라. 자신의 부족한 면을 채워가는 일은 성장하고 있다는 것이지. 하지만 누군가에게 지기 싫어 잘해야 하고 좋은 결과를 얻어야 늘 만족한다면, 너는 지치고 불행해질지도 몰라.

설령 좋은 결과를 얻지 못했다 해도, 자신을 지나치게 학대하거나 남 탓으로 돌리는 비열한 짓을 하지 말아라.

엄마는, '남에게 지고서는 못 산다'고 했던 사람을 알고 있다. 뭐든 잘해야 하고 남보다 모든 면에서 월등해야 한다고 생각하는 사람, 자신의 존재감을 드러내려 애쓰는 사람. 이런 사람은 지나치게 남을 의식하며 사는 사람이야.

누군가에게 보여지는 나를 의식하며 산다면, 얼마나 피곤할까?

어느 뇌과학자의 말에 의하면 '인간의 욕구 중 가장 큰 욕구는 남에게 인정받고자 하는 욕구, 즉 인정욕구'라고 하더라.

유독 인정욕구가 강한 사람은 사는 게 시들하고 우울하단다. 그런 사람 대부분은 자존감이 낮다고 해. 자라면서 부모로부터 칭찬보다 비난을 많이 받았거나 다른 아이들과 비교당하며 자란 사람일 경우가 많다고 해.

공부를 형보다 못한다고 부모로부터 늘 비교당하며 살았던 아이가 있었지. 아이가 부모를 살해한 후 경찰에 했던 말이 시간이 꽤 흘렀는데 쉽게 잊히질 않아.

자신도 최선을 다하고 있는데, 부모가 형처럼 일류대학에 가지 못했다고 늘 비난하고 무시했다고 했지. 그 아이는 부모를 만족시킬 자신이 없었다고 고백했단다. 아이가 저지른 끔찍한 행동은 결코 이해할 수 없지만, 그 아이가 극단적인 행동을 하기까지 아이에 대한 부모의 태도가 어땠을지 짐작해볼 수 있었어.

아마 아이 부모는 지나치게 남의 시선이나 남의 평가를 의식하며 살았을 거야. 아이를 위해서라는 명분을 내세우며 이런 생각을 품었겠지.

'네가 일등을 해준다면 내 체면이 좀 설 거야. 남들이 얼마나 날 부러워하겠어! 그러니 넌 꼭 형처럼 일류대학을 가야만 해.'

콩깍지를 열어보면 콩이 모두 똑같지 않더라. 어떤 콩은 좀 작고 어떤 콩은 한 쪽이 좀 눌려 있고 어떤 콩은 아주 야무져 보이지만, 모두 콩이란다. 콩깍지 안에서 모두 콩이 되려고 나름대로 애를 썼겠지만 다른 모양이 된 거야. 그런데 모양이 다르다고 콩이 아니라고 할 수 있을까? 완벽하지 않아도 콩은 콩이지.

우리도 그래. 모두 다 같을 수 없어. 학교 성적대로 굳이 순서를 매긴다면 일등도 있고 이등, 삼등, 꼴찌도 있겠지만 일등만 제대로 된 삶을 산다고 할 수 없거든. 행복은 성적순이 아니듯, 세상살이에는 일등도 꼴찌도 없단다. 현재의 삶에 '만족'이라는 깃발을 꽂고 그저 노를 저어 자신이 원하는 목적지에 닿으면 되는 거야.

노를 젓는 동안 풍랑을 만나 흔들리기도 하겠지. 하지만 멈추지 않고 노를 젓다 보면 언젠가는 따사로운 햇살과 살랑살랑 불어오는 바람을 맞기도 하니까.

엄마는 가부장제를 벗어날 수 없었던 집안의 딸 셋 중 있어도 그만 없어도 그만인 둘째 딸로 태어났단다. 아들을 낳지 못해 늘 맘 졸이며 살았던 나의 엄마는 네 번째, 마침내 아들을 낳으셨지. 언니는 맏이라 대접을 받았고, 동생은 남동생을 낳게 해준 공으로 대접받았는데(그 애가 애를 만들었나? 남동생 출생이 왜 그 애 공이 되었는지 이해가 안 되었지만) 아주 기세가 등등했어. 남동생은 아들이라, 극진한 대접을 받았고.

나는 천덕꾸러기로 주눅이 들어 늘 비실비실, 공부도 일도 야무지게 못했단다. 그런데 나의 엄마는 그런 나를 언니나 동생들과 비교하며 그 어떤 비난을 하신 적이 없어.

초등학교 성적표 체육에 '양'을 받아온 날, 엄마는 "우리 딸이 양을 몰고 왔으니 '양우리'를 하나 만들어야겠네!" 하며 쿡쿡 웃으셨단다. 그리고 함께 양을 잘 키워보자고 하셨지. 양을 돌보다 보면 몸이 튼튼해질 거라면서 말이야. 나는 엄마가 '양'을 그렇게 좋아하신 줄 몰랐어. 부족한 게 많은 딸에게 다른 자식보다 더 칭찬과 격려를 아끼지 않으셨단다.

그런 엄마 덕에 사람 구실을 하며 산다고 생각할 때가 많아. '우', '수'로 가득한 언니나 동생의 성적표와 비교하지 않으셨고, 내게 일등을 하라고 단 한 번도 말씀하신 적이 없었거든.

아들을 다섯이나 낳은 옆집 주성이 엄마와 늘 비교당하며 살았던 아픔 때문이셨을까? 부족한 걸 부족한 대로 봐주고 마음을 헤아려준 엄마가 나는 늘 고마웠다.

여전히 나는 부족하고 흠이 많아 너희들에게 일등이 되어라, 최고가

한 개의 콩깍지 속에서도
각기 다른 모양의 콩들이 들어 있잖니?
그러니 비교하지 말거라.

되어야 한다, 완벽한 사람이 되라고 할 수가 없어. 그러니 너도 동그라미처럼 조각 하나가 빠졌다고 조바심 내지 말아라.

네 부족한 점을 알았다면, 서두르지 말고 한 발짝씩 앞으로 내디디면 돼. 차근차근 나아가면 그만이다. 너 자신에게 잘하고 있다고 말해주렴.

네 배우자에게도, 네 아이들에게도, 친구와 동료에게도 지금 잘하고 있다는 칭찬을 아끼지 말아야 해. 너나 나나 완벽하지 않으니 말이다.

한 개의 콩깍지 속에서도 각기 다른 모양의 콩들이 들어 있잖니? 그러니 비교하지 말거라.

오늘 시장에서 논두렁콩 한 단을 사 들고 와 콩깍지 한 개를 열어보니, 콩이 딱 세 개인데 딱 나와 이모들 같더라. 조금 찌그러진 콩, 못난이 둘째 딸이 언니와 동생의 보호를 받으며 빙긋 웃는데, 참 행복했다.

지금

엄마는
이 말이 참 좋다.
왜냐하면
지금,
뭐든
할 수 있으니까.

빗방울은 우산을 먼저 펼치지

빗방울은 떨어질 때
먼저
우산을 편단다.
왜 그럴까?
생각해보렴.

썰물이 되는 바다

갯벌이 숨을 고를 수 있게 바다는 매일 썰물이 되지.

길을 잃고 헤매는 망둥이에게 나침반을 보낼까 고민도 하고, 밤새
고기를 잡고 돌아와 까치잠을 자는 어부가 깰까 봐 숨을 죽이지.

갯벌에 터를 잡은 작은 생물들이 집을 고치는 시간, 썰물은 밀물에
게 조금만 늦게 와달라는 편지도 쓴단다. 갯벌 식구 놀라지 않게 들어
올 땐 뒤꿈치를 살짝 들어달라는 당부를 하고.

멀찍이 앉아 갯벌의 휴식을 바라보는 썰물.

썰물이 되어 갯벌이 훤히 드러날 때마다 바다의 마음이 늘 궁금했단다.

어린 시절 갯벌에서 바지락을 캐고 게를 잡았던 일, 기억하니? 엄마
나 너나 뻘에 나 있는 구멍을 마구 막대기로 쑤셔댔었지.

휴식을 취하던 게들이 얼마나 당황했을까? 바다는 갯벌에게 휴식을
주려고 썰물이 되었는데, 마구 갯벌을 헤집는 우리를 지켜보며 무슨

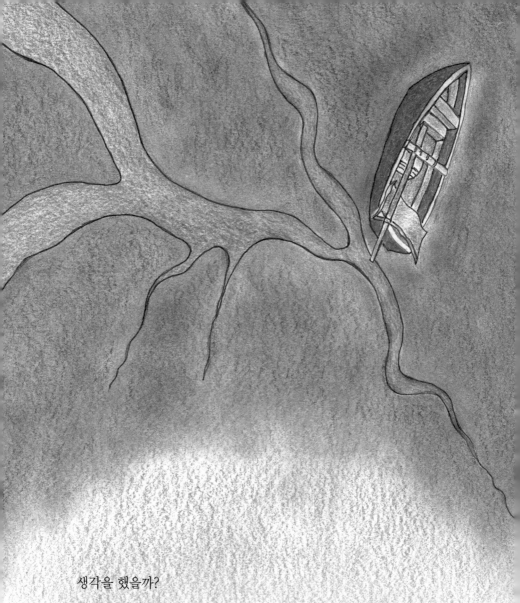

생각을 했을까?

  햇살에 몸을 말리고 있는 갯벌을 보며 너와 보낸 추억을 펼쳐보는
중이다. 네가 갯벌의 마음을 헤아리는 썰물의 마음이 되길 바라면서
말이야.

너를 짓누르는 삶의 무게는
오롯이 네 선택이고
네 책임이라는 사실을 잊지 말아라.

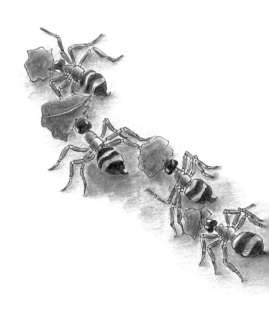

나만 그런 줄 알았는데

그날, 엄마는 몹시 지쳐 쉬고 싶은 마음이 간절했다. 업무와 육아, 가사, 잡다한 일로 몸을 가누기가 힘들었던 날이었어.

나만 일하고, 나만 힘들고, 나만 열심히 살고, 나만…… 끝없이 누군가를 원망하면서 말이다.

그런데 마침 미루나무 아래 제 몸보다 큰 나뭇잎을 물고 줄지어 가는 개미들을 보았어. 나는 가던 길을 멈추고 그곳에 앉아 한참을 머물렀지. 쉬지 않고 열심히 나뭇잎을 물어 나르는 개미들을 보니 억울한 마음이 조금 줄어들었단다.

너도 살아가면서 지치고 힘이 들 때가 있을 거야. 나만 공부하고, 나만 일하고, 힘이 드는 일은 나만 하는 것 같을 때 말이다.

하지만 너무 억울해하거나 누군가를 원망하지 말아라.

모두가 자기 몫의 짐을 지고 살아간단다. 너를 짓누르는 삶의 무게는 오롯이 네 선택이고 네 책임이라는 사실을 잊지 말아라.

너도 너와 사랑하는 사람들의 일상을 지켜내려 애쓰겠지.

그런데 누군가를 위해 고생하고 있다는 생각이 들 때면 엄마의 이 편지를 꺼내 읽고, 영화 〈신데렐라 맨〉이나, 〈씨티 오브 조이〉를 보는 것도 좋겠다.

〈개미와 베짱이〉, 너도 알지? 일만 열심히 했던 개미와 떵까떵까 노래만 부르던 베짱이의 결말이 어땠는지 말이야.

네 어린 시절 너와 함께 이 동화책을 읽으며 "엄동설한에 베짱이는 어찌 되었을까?"라고 물었던 거 기억해? 베짱이는 얼어 죽었을 거라고 네가 말했지. 여름 내내 일 안 하고 놀기만 해서 벌 받은 거라면서 말이야.

그 말에 엄마는 이 이야기가 지극히 개미의 관점에서 쓰여졌다는 사실을 깨닫고 놀랐단다.

미래에 대한 준비 없이 놀기만 하다 베짱이 꼴 난다. 개미처럼 일해야 한다고 베짱이를 협박하는 것 같았어.

열심히 쉬지 않고 일해야 개미처럼 먹고살 수 있구나. '딴생각하지 말고 일해! 일하란 말이야!'라며 베짱이를 혼내고 있었지.

베짱이가 이걸 알았다면 얼마나 억울했을까?

"나 백수 아니에요! 하루 종일 놀지 않아요. 일할 땐 일하고 놀 땐 화끈하게 놀거든요!"

베짱이가 이렇게 따지고 든다면, 넌 뭐라고 할래?

베짱이도 괜찮아

엄마는 베짱이처럼 살 거다. 열심히 일한 뒤의 달콤한 휴식을 취하는 건강한 삶을 택할 거야.

엄마가 베짱이처럼 산다고 해도 개미의 삶을 폄하할 수 없지. 개미가 일만 하느라 쉬지 못했다고 하는데, 따뜻한 계절엔 열심히 일했고 겨울엔 맛난 것을 맘껏 먹으며 휴식을 취하지 않았을까?

엄마는 네가 개미의 성실함과 베짱이의 여유를 가지고 너의 노동과 휴식이 균형을 이루길 바라. 그리하면 네 삶이 좀 더 유쾌하지 않을까 싶어.

'내려놓다'라는 말과 좀 더 친해질 수 없을까?

엊그제 엄마 친구가 사는 대관령에 갔었다. 너와 함께 풍차와 양목장이 있던 곳을 다녀온 기억 때문에 마음이 들떴단다.

이번 여행지는 초행길이었는데, 구불구불 경사진 도로를 따라 해발 1,100미터 위에 올라가니 '안반데기'라는 곳이 있더구나. 사람들은 그곳을 '하늘 위에 땅'이라고 한다지.

오래전 화전민들이 돌산을 깎고 배추와 감자를 경작하며 살았다고 해. 네가 좋아하는 김치, 그 배추의 상당수가 그곳에서 길러져 시장에 나온다더라.

대부분 땅이 자갈인 데다 물도 없는 곳에서 어떻게 식물이 자랄 수 있을까 궁금했는데, 지대가 높아 가능하다고 한다. 아침이 되면 이슬이 된 안개를 먹고 배추가 자란다고 하니 놀라웠다.

언젠가 네 삶이 버겁다고 느껴질 때,
'안반데기'에 가보렴.

경사가 얼마나 심했는지 돌멩이 하나가 구르면 수십 미터 계곡에 떨어질 것 같아 고소공포증이 있는 엄마는 엄청 무서웠단다. 꽁지뼈가 아파 혼이 났지만, 그렇게 비탈진 곳에서 밭을 일구고 살았던 화전민들의 삶을 생각하니 마음이 짠했다.

그곳에서 일했던 소는 모두 짝궁뎅이가 되었다더라. 경사진 비탈을 몸이 기운 채 밭을 갈다 보니 그리되었다고 해.

그 척박한 환경에서도 삶을 이어갈 수밖에 없었던 화전민과 짝궁뎅이가 될 수밖에 없었던 소. 그런 삶을 숙명으로 받아들인 그들을 위로하듯 안반데기 정상에는 '멍에 전망대'라는 작은 정자가 있었다.

'멍에'란 소가 달구지나 쟁기를 매달 때 등 위에 걸친 나무 막대기 같은 거야. 흔히 '삶의 멍에'를 내려놓고 싶다고 할 때 은유적으로 '멍에'라는 단어를 쓰기도 하지.

화전민과 짝궁뎅이 소가 잠시라도 멍에를 내려놓길 바라며 전망대를 만들지 않았을까?

그 멍에 전망대에서 바라보는 배추밭은 참 아름다웠다. 배추밭에 수없이 많은 발자국을 남긴 농부와 자신의 운명을 받아들이고 쟁기질을 거부하지 않은 짝궁뎅이 소의 노동이 만들어낸 것이지.

할머니 집에서 짐 정리를 하다 할아버지가 쓰셨던 가방을 발견했다.

낡고 닳아 색이 바랜 갈색 가방. 할아버지와 늘 한 몸처럼 함께했지. 할아버지는 그 가방을 당신 몸처럼 아끼며 사랑하셨다.

사계절 내내 그 가방을 들고 직장에 다니셨지. 좀 일찍 가방을 내려놓고 쉬시도록 해야 했는데, 그러지 못했다.

가방이란 들었을 때만 제구실을 하는 것이라고 생각했던 걸까? 가방은 드는 것만이 아니라 내려놓기도 한다는 걸 알았더라면…….

할아버지의 가방 안에는 여덟 식구의 안녕과 일상이 담겨 있었지. 그 가방을 내려놓는 날, 가족의 삶이 끝나는 날이라고 생각하셨던 것 같아. 행여 그 가방을 들지 않은 날이 올까 봐 노심초사 마음을 졸이셨을 거다.

짝궁뎅이 소의 멍에처럼 가방을 들고 평생 직장을 다니셨던 할아버지의 후줄근한 가방을 보며 너를 생각하는 중이다.

너는 가방을 '든다'라는 말에만 마음을 두지 말아라. 가방이 후줄근해지기 전에 내려놓는 것도 용기라는 걸 알아야 한다.

가끔 가방을 내려놓고 청명한 하늘, 흘러가는 솜털 구름에 몸을 맡긴 채 한나절 한 계절을 보내는 것도 좋을 거야.

언젠가 네 삶이 버겁다고 느껴질 때, '안반데기'에 가보렴. 멍에 전망대에 올라 그곳에 삶을 일군 화전민과 짝궁뎅이 소를 생각하면 좀 위로가 되지 않을까 싶어.

멀리 있어도

파르르 떨리는
족도리 꽃에서
바람의 얼굴을
본다
봄 날
흩날리는 벚꽃 잎에서
너를
본다

어둡기 때문에 빛나는 거야

우리 집에 물건을 배송하는 청년을 아마 몇 년은 보았을 거다. 삼십 대 초반으로 보이는 그는 등산용 수건을 목에 걸고 수시로 땀을 닦아가며 일을 했는데, 늘 웃음을 잃지 않았어.

그 청년을 볼 때마다 무어라도 주고 싶은 마음이 앞섰던 어느 날, 영양제 한 통을 준비해 건넸지. 청년이 좀 당황한 것 같았어.

'성실하게 열심히 살아주어 고맙다'는 말을 꼭 청년에게 해주고 싶었어. 영양제를 받지 않고 머뭇거리던 청년은 수건으로 눈자위를 꾹 꾹 누르더니 이렇게 말했단다.

"이거 오십 대가 먹으면 안 될까요? 엄마 드리려고요."

엄마의 건강이 좋지 않다고 했어. 청년은 요즘 새벽 배송도 한다더구나. 새벽부터 많은 일을 하면서 표정이 그리 밝을 수 있다니, 참 놀라웠다.

엄마는 그 청년이 늘 무탈하기를 기도하고 있단다. 이 세상 모든 엄마의 마음이 되어서 말이다.

엄마는 밤에만 활짝 피는 달맞이꽃을 좋아해. 모두가 잠든 밤 깨어 있는 꽃, '이브닝 로즈 (Evening Rose)'라고도 하지. 주로 시냇가나 강둑에 피는 달맞이꽃은 깜깜한 밤에 더욱더 노란 빛을 띠거든.

어느 해 늦가을, 시냇가 언덕에 씨앗을 매달고 서 있던 달맞이꽃을 보았다. 겨자씨만 한 아주 작고 야무진 씨앗이 가득 들어 있더라. 바람이 드세게 부는 어느 날, 스스로 껍데기를 열고 풀 섶이나 돌 틈, 먼지 폴폴 날리는 마른 흙에 내려앉았을 거야.

너도 달맞이꽃처럼 살았지. 특전사에서 훈련 중 얻은 귓병으로 바이올린도 못 켜게 되었지. 뒤늦게 공부하며 꾸역꾸역 하루하루를 버텼지. 그렇게 어두운 터널을 걸어 나온 너 또한 달맞이꽃을 닮았다.

누구나 크건 작건 좌절과 고통의 시간을 맞게 되지. 그 시간을 어떻게 맞이하는가에 따라 어떤 사람은 성장하고 어떤 사람은 나락에 떨어지기도 한단다. 힘든 시간을 잘 견디며 대처하는 사람은 어둠 속에서 빛을 발하는 야무진 달맞이꽃 씨앗을 품게 돼.

닐 월시라는 사람은 이렇게 말했어.

'시련은 누구나 겪을 수 있지만, 누구나 교훈을 얻는 건 아니다.'

고생이 모두에게 약이 되지 않겠지만, 엄마는 네가 앞으로 맞닥뜨릴 크고 작은 시련에 굴복하지 않는 의연함을 가졌으면 해.

어두울수록 자신의 존재감을 드러내는 달맞이꽃처럼 말이다.

쇠는 불에 달구어 다듬어져야 비로소 쓸모 있는 물건이 된단다.

달궈진 쇠처럼, 시련을 기회로 삼아 삶을 일궈내는 사람도 많아. '비 온 뒤에 땅이 단단해진다'는 속담처럼 네가 오늘 겪는 시련과 고통이 너를 더욱 단단하게 만든다는 걸 잊지 말아라.

누군가는 천 번을 흔들려야 젊은이라고 하던데, 젊은이라고 왜 흔들려야만 할까. 덜 흔들리면 좋겠지. 그러나 설령 흔들리다 넘어져도 너무 오래 주저앉아 있지 말고 일어나 다시 걸어가야 한다.

빙글빙글 돌다 멈추면 한동안 어지러워 중심을 잡을 수 없지만, 시간이 좀 지나면 괜찮아지더라. 그 비틀거리는 시간, 그때를 잘 견디면 다시 평온한 시간이 찾아온다는 걸 늘 마음에 두어라. 그래야 흔들리는 게 두렵지 않아.

아마 택배 청년도 그걸 알고 있지 않을까? 오늘도 청년은 달맞이꽃처럼 어둠 속을 부지런히 뛰고 있을 거야. 빛이 어둠에서 태어난다는 사실을 마음에 새기면서 말이다.

'인생에서 속도는 중요하지 않으니, 자신의 속도로 천천히, 계속 가라'고 했던 존 맥스웰의 말을 너에게 건넨다.

엄마는 네가 앞으로 맞닥뜨릴 크고 작은 시련에
굴복하지 않는 의연함을 가졌으면 해.
어두울수록 자신의 존재감을 드러내는
달맞이꽃처럼 말이다.

이런 친구

목적지를 향해 전력 질주하고 있을 때
다리를 걸어 넘어뜨리는 친구

넘어져 허우적거릴 때
엉덩이를 걷어차는 친구

너
아니지?

토닥토닥 쓰담쓰담

우리 한글에는 참 예쁜 말이 많아. 특히 의성어나 의태어는 어떤 나라 언어도 흉내를 낼 수 없을걸!

'모락모락'이라는 말을 떠올리면, 해 질 녘 굴뚝에서 피어오르는 연기가 떠올라 시골집과 할머니가 그립다.

봄 햇살에 아지랑이가 나울나울 피어오르면 몸에 온기가 돌지. 파릇파릇한 새싹이 뾰족뾰족 얼굴을 내밀면 봄 냄새를 먼저 맡은 개구리가 코를 벌름거리며 고개를 들고 나왔지만, 꽃샘추위가 있다는 걸 몰랐을 거야. 화들짝 놀라 코가 푸르뎅뎅, 바위틈으로 쏙 들어가지.

아장아장, 뒤뚱뒤뚱, 자박자박이라는 말은 또 어떻고! 네가 처음 걸음마를 시작할 때를 떠오르게 하지. 한 발짝씩 아장아장 뒤뚱뒤뚱 걷다 나동그라져도 너는 오뚜기처럼 일어나 자박자박 걷곤 했어. 엄마는 네 보송보송하고 말랑말랑한 손을 잡고 산책을 하곤 했는데, 너는 말을 배우느라 끊임없이 종알종알, 엄마 귀에 대고 소근소근, 재잘거리다 까르르 까르르, 방긋방긋 잘도 웃었단다.

예쁜 말이 끝도 없이 이어질 것 같구나. 이 예쁜 말 중 엄마가 으뜸으로 좋아하는 말은 '토닥토닥', '쓰담쓰담'이란다. 이 말은 입으로 굳이 내뱉을 필요 없이 그저 한 손으로 누군가의 등을 다독이며 위로하거나 격려할 때 쓰이는 말이야. 소리는 있지만, 굳이 입으로 말할 필요가 없는 말.

'다독거리다'라고 할 수도 있지. 참 따뜻한 말이다. 성적을 잘 못 받았거나, 대학 입시 혹은 입사 시험에 떨어졌거나, 친구와 싸우고 헤어졌거나, 세상에 내 편은 아무도 없다는 생각이 들 때, 슬픔에 빠져 온 세상이 먹구름으로 가득 찼다고 느껴질 때, 누군가 등을 토닥토닥, 쓰담쓰담 해준다면, 그보다 더한 위로가 어디 있을까? "괜찮아, 괜찮아. 곧 나아질 거야" 하면서 말이다.

등을 토닥토닥, 쓰담쓰담 해주는 사람이 있는가 하면, 상처가 아물기도 전 헤집고 나쁜 말을 쏟아내며 사람을 죽이는 사람도 있지.

말 한마디, 단어 하나가 사람의 마음을 후벼 파 다시 일어설 수 없도록 만들기도 하지만, 말 한마디에 절망을 딛고 일어서 새로운 삶을 시작하는 사람도 있단다.

그러니 예쁜 말, 위로의 말, 희망을 주는 말을 하며 살아야 한다. 네가 일상에서 주로 사용하는 말은 네 친구, 네 동료, 네 가족의 일상어가 될 수 있다는 걸 잊지 말아라.

조선 시대 박상길이라는 나이 지긋한 사람이 푸줏간을 했는데, 하루는 양반 둘이 고기를 사러 왔단다.

첫 번째 양반은 "상길아, 고기 한 근만 썰어라"라고 말했고, 두 번째 양반은 "이보게 박 서방, 고기 한 근만 주게나"라고 말했지.

그런데 첫 번째 양반이 고기 양을 보니, 두 번째 양반의 고기 양이 자기 것보다 많은 거야. 첫 번째 양반은 "왜 내 고기가 더 적냐"라고 따졌지. 그러자 푸줏간 주인이 이렇게 말했단다.

"나리 고기는 상길이가 썰어준 것이고, 저 나리 고기는 박 서방이 썰어준 것이랍니다."

몇 해 전, 프랑스 해변 도시 니스에 있는 한 카페에 갔어. 커피값이 달라서 의아했단다. 커피 주문자의 주문 방식에 따라 커피값을 달리 정했다고 하더구나. "커피"라고 짧게 말하면 7유로, "커피 주세요" 하면 4.25유로, "안녕하세요, 커피 주세요" 하면 1.4유로였어. 흥미롭지?

언어 습관은 한 사람의 삶 전체라고 해도 지나친 말이 아니야. 네가 늘 상대방의 마음을 헤아리며 예쁘고 따뜻한 말을 했으면 해.

무엇이 소중하고 가치 있는 것인지에 대한
물음을 늘 잊지 말아라.
그 물음이 가장 큰 재산이고 보물이다.

넌 참 힘들겠다

"얘, 넌 왜 집을 등에 지고 다니니?"

민달팽이가 집달팽이를 보고 말했어.

"그래야 안전하거든. 집도 없이 벌거숭이로 돌아다니는 건 아주 위험해."

집달팽이는 우쭐대며 민달팽이에게 자신의 집을 보여주었어.

"아이고나! 어디, 집이 무거워 움직일 수나 있겠어? 쯧쯧!"

민달팽이는 혀를 끌끌 차며 집달팽이를 향해 몸을 이리저리 흔들어 보였어.

"이봐! 그러다 개구리밥이 된다는 거 모르니?"

집달팽이는 걱정스레 민달팽이를 바라보았지.

"위험하다고? 난 몹시 자유로운걸! 집 청소할 필요 없고, 마음만 먹으면 어디든 갈 수 있지. 한마디로 자유로운 영혼이라고나 할까!"

민달팽이는 어깨를 으쓱해 보이며 행복한 표정을 지었어.

여유 있게 노래까지 부르는 민달팽이를 보자 집달팽이는 살짝 후회가 되었어.

'괜히 은행 빚을 내어 집을 샀나?'

집달팽이는 많은 달팽이가 지금 집을 사두지 않으면 후회할 거라고 하는 바람에 덜컥 집을 사고 말았어.

'그래, 갈수록 집을 사는 게 힘들다는데 어쩌겠어. 빚이 좀 있고, 등에 지고 다니기 좀 힘들어도 집은 있는 게 나아. 저 민달팽이처럼 벌거숭이로 평생 살 수는 없으니까.'

집달팽이는 후회하지 않으려고 자유로운 영혼을 외쳐가며 물구나무서기를 하고 있는 민달팽이를 비난하기 시작했어.

"얘, 내가 충고 하나 할까? 너 그렇게 알몸으로 다니다 잡혀간다! 집은 옷만큼이나 중요해. 집이 없으면 늘 불안한 삶을 살지. 어디 그뿐이니? 집을 가지고 있으면 다들 부러워한단다. 그러니 너도 어서 집을 사야 해. 내가 알고 있는 저금리 귀뚜라미은행 소개해줄까?"

"흥, 필요 없어. 내 발길 닿는 곳이 내 집인걸. 넌 은행이자 갚으려면 등골 좀 휘겠다!"

민달팽이는 집달팽이를 향해 한마디 쏘아붙였어.

사실 집달팽이에게 그리 말했지만, 민달팽이는 왠지 가슴 한 켠에 바람이 수웅 빠져나가는 것 같았어.

'정말 나는 괜찮을까? 나도 빚을 내어 집을 사야 하나? 집달팽이 말을 듣고 나니 마음이 좀 심란해. 집값이 팔팔열차보다 더 빠르게 오른

다면 나도 그 열차 티켓을 사야 할까, 말까?'

이런저런 생각이 가시덤굴처럼 머릿속을 구르며 콕콕 찔러대었어. 마음이 지옥 같았지. 달콤한 낮잠도 잘 수 없게 되었고. 집달팽이가 살짝 부럽기도 했어.

"아니야, 이렇게 마음이 흔들리면 난 불행해질 거야. 집을 등에 지고 평생을 사느니 자유롭게 살 거야. 집 가진 게 뭐 대수라고, 흥!"

민달팽이는 애써 집 생각을 털어내고 이슬을 베개 삼아 깊은 잠에 빠져들었단다.

남들보다 더 많이 가져야 한다고 생각한 적은 없었니? 늘 갖지 못해 마음이 헛헛하니?

집을 가진 집달팽이처럼 살 수 있고, 민달팽이처럼 자유롭게 살 수도 있겠지.

생각하기 나름이다. 무언가를 많이 가졌다고 모두 행복감을 느끼거나 갖지 못했다고 불행하다고 느끼진 않거든.

가진 게 없다고 마음속에 가난을 느끼면 삶이 가난한 거다. 이 세상에서 나만 궁핍하다고 생각하면 세상과 등을 지기 쉬워.

무엇이 소중하고 가치 있는 것인지에 대한 물음을 늘 잊지 말아라. 그 물음이 가장 큰 재산이고 보물이다.

민달팽이처럼 네가 가진 것에 만족하며 어느 날 네가 팬티 한 장 달랑 입고 순례길에 오른다 해도 엄마는 놀라지 않을 거다. 괜찮다.

가진 것이 얼마이든, 엄마는 네가 평화로운 일상을 꿈꾸며 선한 사람들과 평범한 삶 속에서 행복감을 느끼길 바라. 이십 대에 엄마가 읽고 감명받았던 법정 스님의 책《무소유》를 네게 보낸다.

우린 좀 천천히 가자

아무리 빨라도 거북 걸음이지만, 거북들은 앞서거니 뒤서거니 하면서 뛰었단다.

"얘야, 힘을 내. 어서! 우리만 뒤처질 수 없어!"

아기 거북을 데리고 무리에 섞여 달리던 엄마 거북은 목이 마르고 지쳤지만 걸음을 멈출 수 없었어. 무리에서 떨어지기는 싫었거든. 모두 달려가고 있었으니까.

엄마 거북을 따라가느라 아기 거북은 가랑이가 찢어질 것 같았지. 하지만 엄마 거북을 놓칠 수 없어 헉헉거리며 그 뒤를 따랐어.

그렇게 얼마나 달렸을까? 갑자기 엄마 거북이 걸음을 멈추고 말했단다.

"얘야, 이렇게 생각 없이 달리는 게 아니란다!"

엄마 거북은 풀밭에 주저앉아 숨을 고르기 시작했어.

"휴우, 이렇게 좋은걸!"

갑작스런 엄마 거북의 행동에 놀란 아기 거북은 걸음을 멈추고 엄마 거북을 빤히 바라보았어.

"귀여운 내 새끼! 이리 온!"

엄마 거북은 아기 거북을 끌어안고 이렇게 말했어.

"얘야, 우린 좀 천천히 가자."

그러고는 풀밭에 벌러덩 누워 말했지.

"저 파란 하늘을 좀 보렴. 저 구름은 너처럼 참 예쁘구나!"

아기 구름 한 점이 머리 위에서 그늘을 만들고 있었어. 부드러운 바람은 손수건을 흔들며 지나듯 땀방울을 닦아주었지.

"얘야, 거북은 따복따복 걸어야 거북이란다. 거북이 토끼 흉내를 내다 보면 넘어지기 쉬워. 우린 천천히 걸어가며 보고 싶은 걸 맘껏 보자꾸나."

"엄마, 어떻게 걸어야 거북보다 천천히 걸어요?"

아기 거북이 고개를 갸우뚱거리며 말했어.

엄마 거북은 사랑이 가득한 눈으로 바람결에 코를 얹고 말했지.

"으흠, 바람에도 향기가 있단다! 이렇게 해보렴."

아기 거북은 엄마 거북을 따라 바람을 몸에 둘둘 말며 "흠흠, 바람에도 향기가 있어!" 하고 엄마를 따라 했단다. 그러고는 풀밭 위를 데구루루 구르기 시작했어.

"엄마, 아기 구름이 우릴 따라와요! 헤헤헤!"

《꽃들에게 희망을》에 나오는 줄무늬 애벌레를 기억하니? 줄무늬 애벌레는 사랑하던 노랑 애벌레까지 버리고 수많은 애벌레를 따라 정신없이 산꼭대기로 올라갔지. 그곳에 특별한 게 없다는 걸 뒤늦게 깨닫고 내려온 줄무늬 애벌레. 때늦은 후회를 했지만, 후회란 언제나 늦는 법.

가끔 엄마는 네가 어느 날 네 삶을 후회하며 몸서리칠까 봐 염려가 돼. 타인의 삶에 집중하면 네 모습, 네 시간을 잃기 쉽단다. 너만의 걸음걸이로 찬찬히 걸었으면 해.

엄마도 가끔 가던 길을 멈추고 주변을 돌아보는 연습을 하는 중이다. 순간순간 느낄 수 있는 행복감을 놓치지 않으려고, 소중한 것들을 잃지 않으려고 말이야.

타인의 속도에 맞추지 말고 우리만의 걸음걸이로 가자꾸나. 남의 걸음걸이를 마음에 두지 말고, 천천히 숨을 고르며 한 걸음씩 나아가자. 그래야 훗날 삶을 뒤돌아보았을 때 미소 지을 수 있을 것 같아.

엄마 말에 동의하지? 그럼 됐다.

휴식이 필요해

빌 게이츠는 일주일을 충분히 쉬면서 몸의 에너지를 만들고 새로운 아이디어를 찾았다고 해. 스티브 잡스는 뇌에 휴식을 주어 자신이 머물고 있는 현재, '지금'에 집중했다 하고.

그 누구보다 많은 일을 해온 두 사람의 공통점은 생활의 리듬을 깨지 않으려고 자신만의 휴식법을 갖고 있었던 거야.

휴식을 통해 생활과 마음을 정리하고 새로운 시간을 준비한 거지. 휴식은 창의적인 에너지를 생산하는 준비 과정이란다.

'休息(휴식)'이라는 한자를 들여다보니 참 놀랍다. '休(쉴 휴)' 자를 보면 나무 옆에 사람이 서 있음을 알 수 있어. 또 '息(숨 쉴 식)' 자를 보면 스스로 마음을 다스리며 숨을 쉰다는 의미가 깔렸음을 알 수 있어. 결국 휴식이라는 말은 나무 옆에 기대어 마음을 쉬게 하고 숨을 깊이 들이쉬며 내쉬기를 반복하는 것을 뜻하지. 한자 자체만 보아도 직관적으로 알 수 있지 싶어.

엄마의 첼로 악보에 있는 쉼표는 아주 중요해. 쉼표가 없이 음표만 있었다면 아마 몇 달도 못 가 첼로를 그만두었을 거야. 쉼표는 어느 지점에서는 반드시 쉬어야 한다고 말하고 있단다. 그걸 무시하면 곡이 엉망이 되거든.

산행하다 보면 땀을 뻘뻘 흘리며 쉬지 않고 정상을 향해 직진하는 사람을 보게 돼. 목적지에 오르기 전에 쉬어서는 절대 안 된다고 생각하는 사람 같아.

너는 어떠니? 엄마는 네가 목적지에 좀 늦게 도착해도 가끔 쉬면서 옆 사람과 도란도란 얘기도 나누고, 고개 들어 반짝이는 햇살을 이마에 얹고 걸었으면 좋겠어.

왜 공부를 하고 왜 일을 하는지, 왜 휴식이 필요한지를 스스로 묻고 답할 수 있어야 해. 이런 물음은 '나는 누구인가? 왜 사는가?'에 대한 물음과 같단다.

남들이 공부하고 남들이 일하며 남들이 쉬어야 한다고 하니 쉬는 건 네가 아닌 평생 남이 되어 사는 거다. 공부도 일도 휴식도 네가 선택하고 네가 행했을 때, 네가 네 삶의 주인이 되어 사는 거지. 그래야 온전히 네가 너를 사랑할 수 있는 거야.

인간 행동에 관해 연구하는 한 연구자는 인간이 집중할 수 있는 가장 긴 시간이 오십 분이라고 해. 집중력이 좋아 장시간 책상에 앉아 공부나 일을 하는 사람도 사실 오십 분이 넘으면 집중력이 떨어진다는 연구 결과도 있단다. 그러니 어떤 방식이든 몸을 쉬어줘야 해. 몸과 마음에 쉼표를 주어야 한다.

　뱅글뱅글 도는 팽이처럼 하루 종일 학교와 학원으로 뺑뺑이를 돌다 나자빠진 아이가 있었지. 유치원 때부터 영어, 글쓰기, 발레 학원을 다니더니, 초등학교에 들어가서는 수학, 미술, 피아노까지 학원 수가 늘었단다.

　직장에 다니는 엄마는 아이가 혼자 집에 있는 게 불안해서라고 했는데, 사실일까? 그 엄마는 왜 아이가 학원에 있으면 불안하지 않고 집에 있으면 불안할까? 엄마의 마음은 아이가 놀면 다른 아이에게 뒤처질까 봐 불안한 거지. 그래서 아이를 집에 두지 못하는 거야.

　그런데 아이가 종일 학교와 학원에서 시간을 보내면 엄마가 원하는 아이가 될까? 아이는 학원에 가지 않고 오락실을 드나들었고, 거짓말과 비밀도 늘었지. 하지만 오래가지 못했어. 결국 아이는 고학년이 된 어느 날 아무것도 하지 않겠다며 엄마에게 으름장을 놓았단다. 엄마는 아이를 포기할 수 없다고 소리쳤지.

　엄마가 아이를 포기할 수 없다고 한 건, 아이를 위해서가 아니라 엄마 자신을 위한 건 아닐까? 많은 돈을 들여 학원을 보낸 건 엄마 자신을 기쁘게 해줄 성적표 때문이었을 거야.

아이가 채찍을 맞아가며 쉬지 않고 돌다가 지쳐 멈춰버린 팽이 같아 안타까웠어. 너도, 네 아이들도, 네 손자들도 쉬지 않고 도는 팽이처럼 살지 말아야 한다.

똑바로 걷고 있는걸요!

"제발 옆으로 걷지 말고 똑바로 걸어라. 똑바로!"

엄마 게의 잔소리가 또 시작되었어.

"엄마, 전 똑바로, 똑. 바. 로. 걷고 있는걸요!"

새끼 게는 또박또박 힘을 주어 엄마에게 말했어.

"쟤는 왜 저리 삐딱해. 꼭 지 애비 같다니까. 한마디 지는 법이 없어!"

"저도 답답하다구요. 똑바로 걷고 있는데 왜 자꾸 똑바로 걸으라고 해요? 으이, 미치겠네!"

새끼 게는 늘 똑바로 걷고 있다고 생각했어. 그런데 엄마는 쉬지 않고 같은 말을 반복했지.

어느 날, 눈을 부라리며 새끼 게가 엄마 게를 향해 소리쳤단다.

"엄마나 똑바로 잘하세요!"

엄마 게는 흥분해서 집게발을 치켜들었지.

"아니, 이 녀석이 지금 뭐라고 한 거야? 엄마 앞에서 눈을 치켜뜨고, 지금 엄마한테 반항하는 거야? 이제 좀 컸다 이거지? 너, 혼 좀 나볼래?"

엄마 게는 집게발을 번쩍 들고 다가왔어.

"엄마, 협박하는 거예요? 집게발을 함부로 쓰면 안 된다고 한 게 누구예요? 폭력은 절대 용서할 수 없다고 말. 씀. 하. 셨. 잖. 아. 요!"

엄마 게는 새끼 게의 '폭력'이라는 말에 흠칫 놀라 얼른 집게발을 내렸지. 그러고는 집게발을 쳐든 건 잘못이라며 새끼 게를 조용히 타일렀단다.

"얘야, 엄마가 잠깐 정신이 나갔나 봐. 그러니 엄마 흥분하지 않게 똑바로 걸어야 한다. 알겠지?"

엄마 게는 끝까지 새끼 게에게 똑바로 걷는 법을 가르쳐야 한다고 생각했어. 그게 엄마로서 해야 할 일이라고 생각한 거야.

"엄마처럼 마음에 선 하나를 그어놓고 똑바로 걸어보렴. 이렇게 말이야."

엄마는 다리를 곧추세우고 반듯하게 걷기 시작했어.

"알았어요, 엄마. 엄마처럼 똑바로 걸을게요. 핫둘, 핫둘, 핫둘."

새끼 게는 엄마처럼 마음에 선 하나를 그어두고 따라 걸었어.

"아이고 또 그러네. 도대체 너는 언제나 똑바로 걸을 수 있겠니? 너, 바보냐? 도대체 누굴 닮은 거야?"

"그거야 엄마 닮았죠!"

"으이구, 속 터져!"

엄마는 네게 더 이상 '똑바로'를 강요하지 않을 거야.
네가 너만의 방식으로 나아가는 그 방향이 '똑바로'라는 것을
이제야 알았으니까.

집게발을 허공에 휘저으며 한숨을 푹푹 내쉬는 엄마를 향해 새끼게가 말했어.

"엄마도 옆으로만 걷잖아요. 똑바로 좀 걸어보세요!"

"요 녀석 봐라. 엄마를 가르치려 하네. 내가 못살아! 으이구, 너 때문에 내 속이 썩어 게젓 되지 싶다."

그래도 엄마 게는 새끼 게의 걷기 연습을 중단할 수 없었어. 엄마 게는 '똑바로! 똑바로!'를 외치며 새끼 게 앞에서 다시 걷기 시작했단다.

엄마도 엄마 게처럼 네가 똑바로 하지 않는다고 야단을 친 적 있었을 거야. 엄마가 옳다고 생각한 것, 꼭 가르쳐야 한다고 생각한 것을 굽히지 않고 한결같이 강요한 일이 얼마나 많았을까? 반성하는 중이다.

부모란 그렇단다. 자식을 위한 것이라고 생각하면 쉽게 뜻을 굽히지 않지. 그게 얼마나 어리석은 짓인지 깨닫기까지 엄마도 시간이 좀 걸렸다.

엄마 게처럼 '똑바로'를 늘 강조하면서 사실 엄마도 옆으로 걸었다는 거. 왜 미리 깨닫지 못했을까?

새끼 게가 똑바로 걷고 있다고 말하면, 엄마 게는 그 말을 믿어주었어야 했어. 그래야 자신만의 걸음걸이로 걸을 수 있었을 텐데.

엄마는 네게 더 이상 '똑바로'를 강요하지 않을 거야. 네가 너만의 방식으로 나아가는 그 방향이 '똑바로'라는 것을 이제야 알았으니까.

너를 너답게 만드는 시간

어린 시절에 했던 주말 산책을 기억하니? 넌 얼마 걷지도 않았는데, 힘들다며 걸음을 멈추곤 했지. 기어이 아빠 무등을 타거나 등에 업히곤 했어. 산책길에서 한 보물찾기 생각나니? 어쩌면 너는 상품권이나 좋아했던 불량식품을 찾으려고 산책했을지도 몰라.

산책하는 습관을 들이려고 엄마가 별짓을 다 한 거다. 그 덕에 지금도 네가 산책을 즐겨 하는 건 아닐까?

학원비를 아껴 인도와 네팔 여행을 떠났던 때가 아마 네가 초등학교 3학년이었을 거야.

감기에 걸려 열이 나던 너는 담요를 뒤집어쓴 채 갠지스강물에 촛불을 띄우며 소원을 빌었지. 그때 무슨 소원을 빌었을까? 제발 험지 여행 다니지 않게 해달라고 했을 것 같은데, 물어보지 못했다.

너를 가장 너답게 하는 시간,
엄마는 네가 산책과 여행을 통해
네 마음의 곳간을 차곡차곡
채워가길 바라.

갠지스강 화장터 옆에서 수영하고 빨래를 하던 아이들도 보았고, 네 팔을 붙들고 '원 달러'를 외치던 아이들도 만났지. 길거리 천막 속의 삶을 이어가면서도 밤하늘의 별을 세고, 이름 모를 신 앞에 꽃을 바치며 소원을 빌던 사람들도 너는 보았어.

페루의 산골 마을에 갔을 때, 네가 가지고 간 코코아 물 한 잔을 얻어 마시려고 온 마을 사람들이 줄을 섰지. 라마의 눈을 가진 순하디순한 사람들, 코코아를 한 번도 마셔보지 못한 그들은 텐트 안에 머무는 이방인을 신기하게 바라보았지.

그들은 이방인의 일거수일투족을 지켜보며 한나절을 보낸 것 같다. 하지만 그 산골 마을 사람들의 눈빛은 두려움보다는 반가움이었지. 평생 아무 일도 일어날 것 같지 않던 마을에 나타난 이방인에 관해 그들은 두고두고 얘기했을 거다.

여행이란 '새로운 풍경을 보는 게 아니라, 새로운 눈을 찾아 떠나는 것'이라고 마르셀 푸르스트는 말했단다.

너를 가장 너답게 하는 시간, 엄마는 네가 산책과 여행을 통해 네 마음의 곳간을 차곡차곡 채워가길 바라.

괜찮은 어른이 되려면

참고

견디어라.

비워야 얻을 수 있는 것

할머니 모시고 너와 담양에 있는 '죽녹원'에 갔던 날, '소소소' 소리를 내며 흔들리는 대나무 사이사이 보이는 어린 죽순을 보고 엄마는 마음에 달이 떴단다.

엄마는 죽순 요리를 좋아해. 살짝 데쳐 초고추장에 찍어 먹는 맛도 좋지만, 들깨탕을 끓여 먹었을 때 입에 씹히는 식감이 참 좋더라.

그런 죽순을 먹을 때마다 늘 이런 생각을 하지.

'이렇게 부드러운 죽순이 어쩜 그리 단단한 나무가 될 수 있을까?'

죽순은 그 어떤 식물보다 빠르게 자라. 껍질을 벗고 세상 밖으로 나온 죽순은 더 이상 죽순이 아닌 나무, 대나무로 성장한단다. 돌돌돌 흐르는 도랑물 소리, 바람 소리를 마음에 새기고 추운 겨울이면 댓잎에 베인 눈꽃의 아픔도 헤아리면서 말이다.

그렇게 계절을 견디며 마음을 다지고, 헛된 생각과 차오르는 욕심을 묶느라 대나무는 마디 하나, 하나씩을 만들었을 거야.

나쁜 생각들이 들어와 마음이 혼란스러울 때, 엄마는 너와 거닐었던 죽녹원을 떠올리곤 한다.

아침에 일어나 앉았는데, 지난밤 꿈이 현실인 것처럼 지워지지 않았던 날이 있었다. 똥이 가득 찬 함지박을 머리에 이고 있었지. 뭔가 좋은 일이 생길 것 같은 예감이 들었지 뭐냐.

똥 꿈을 꾸면 돈이 생긴다는 누군가의 말을 떠올리며 오천 원권 복권 두 장을 샀다. 태어나 처음 하는 일이었지만 수위가 없는 상상을 하며 김칫국을 엄청 많이 마셨단다. 만일 복권 당첨이 되면? 그 많은 돈을 어떻게 하지? 무얼 하지?

마침내 복권 추첨이 있던 날, 웬걸! 개꿈이었어. 내 함지박보다 더 큰 함지박에 똥을 이고 있던 사람이 있었던 걸까? 한바탕 크게 웃고서 깨달음 하나를 얻었다.

'똥 꿈 믿고 복권 샀다 쌈짓돈 다 날린다!'

다시는 그런 꿈에 기대어 요행을 바라는 어리석은 짓은 하지 않으련다. 붕어빵이나 사 먹을걸! 후회를 엄청 했다.

가지 않은 길

네 입시 문제로 여러 날 힘들었지. 도무지 이해가 안 되는 선택을 하겠다며 네가 빡빡 우겼을 때, 참 난감했다.

좋은 결과를 얻을 수 있는 지름길이 있는데, 그 길을 마다하고 고집을 부렸을 때, 얼마나 안타까웠는지 몰라. 엄마는 그때 다시 한 번 깨달았다. 이 세상 모든 자식은 청개구리 유전자를 가지고 태어났다는 걸.

마침내 너의 선택을 믿고 따르겠다고 했었지. 그런데 너는 생각을 바꾸었고, 엄마의 대안을 선택했어. 어처구니가 없었다.

처음부터 그랬더라면 그리 기운을 빼지 않았을 텐데. 그러고 보면 넌 청개구리 중 가장 으뜸! 시간은 좀 더 걸리겠지만 가다 돌아 나와 다시 가도 된다고 분명히 말했는데, 좀 두려웠니?

세상을 조금 더 경험한 엄마의 조언을 받아들인 덕에 너는 지름길을 가게 되었지만, 분명한 건 그 당시 엄마는 네 선택을 존중하기로 했었다는 거야.

온몸으로 부딪쳐 경험하고 후회하며 길을 찾는 일, 아직 너는 젊으니 얼마든지 가능하다고 생각했어. 한편으로 '그래, 당해봐라' 하는 마음도 있었고.

엄마는 로버트 프로스트의 〈가지 않은 길〉이라는 시를 좋아한다.

노란 숲속에 두 갈래의 길이 있었습니다.
나는 두 길을 다 가지 못하는 것을 아쉬워하면서
오랫동안 서서 한 길이 수풀 속으로 굽어 내려간 데까지
바라다볼 수 있는 데까지 멀리 보았습니다.
그리고, 똑같이 아름다운 다른 길을 택했습니다.

그 길에는 풀이 더 있고 사람의 발자취가 적어
아마 더 걸어야 할 길이라고 나는 생각했습니다.
그 길을 걸으므로, 그 길도 거의 같아질 것이지만,
그날 아침 두 길에는 낙엽을 밟은 자취는 없었습니다.
아, 나는 다음 날을 위하여 한 길은 남겨두었습니다.
길은 길에 연하여 끝없으므로
내가 다시 돌아올 것을 의심하면서.

먼 훗날 나는 어디선가

한숨 지으며 이야기할 것입니다.
숲속에 두 갈래 길이 있었다고,
나는 사람이 적게 간 길을 택하였다고,
그리고 그것 때문에 모든 것이 달라졌다고.

숲속에 난 두 갈래의 길 중 하나를 선택해야만 했던 시인, 두 길을 다 가지 못한 것을 못내 아쉬워했단다.

가보지 못한 길에는 항상 미련과 아쉬움이 남아 있지.
엄마는 그저 너를 믿기로 했어.
가보지 않은 길을 바라보며 아쉬워할지언정 네가 가고자 하는 길을 선택해 유쾌하게 걸어가면 그만이야. 가다가 그 길이 아니면 돌아 나와도 괜찮고.
다만, 길을 잃고 헤매지는 말아라.

소중한 것은 쉽게 얻을 수 없단다

나비가 되기를 꿈꾸는 애벌레가 있었어.

먼저, 고치집을 만들려면 크고 튼튼한 나무를 찾아야만 했어.

"내게 용기를 주는 나무라면 참 좋겠어. 내 꿈이 황당하다거나 초라하다고 비난하지 않고, '너라면 충분히 해낼 수 있어. 꼭 예쁜 나비가 될 수 있다'고 응원해줄 수 있는 나무라면 참 좋을 거야."

애벌레는 꼭 그런 나무를 찾아 집을 짓겠다며 길을 나섰지. 하지만 아무리 헤매도 그런 나무는 찾을 수 없었어. 키가 크고 멀쩡하게 생긴 나무들은 한결같이 입을 꼭 다물고 거들떠보지 않았거든.

애벌레는 걷고 또 걸었어. 나비가 되어 훨훨 나는 자신의 모습을 떠올리면서 말이야. 그렇게 얼마나 헤맸을까. 지쳐 더 이상 걸을 수가 없었지.

'내 꿈은 여기까지인가 봐.'

누군가가 소중한 꿈을 이루려 애쓰고 있다면,
지금 잘하고 있다고 함께 응원해주자.

기운이 몽땅 빠진 애벌레는 자리에 털썩 주저앉아 그만 잠이 들어 버렸단다.

"얘! 정신 차려, 정신!"

누군가가 소리치며 흔들어 깨우는 바람에 애벌레는 주위를 둘러보았어.

그런데 이게 웬일이야. 부지깽이로도 못 쓸 것 같은 아주 작고 가녀린 나무가 애벌레를 향해 손을 내밀고 있었어.

"설마? 너?"

"응. 나야 나! 너를 돕고 싶어."

애벌레는 망설였어. 그 마음을 알았을까? 나무는 애벌레의 손을 잡고 말했어.

"네가 나비를 꿈꾸듯 나도 큰 나무가 되려는 꿈을 갖고 있단다. 그래서 널 도우려는 거야. 어서 기운을 내."

"네가 쓰러질까 봐 좀 걱정인걸."

애벌레는 작은 나무의 가녀린 손을 잡고 걱정스레 바라보았어.

"걱정 마. 네가 나와 함께 흔들릴 수 있다면 난 괜찮아."

작은 나무는 어깨를 으쓱해 보이며 씩씩하게 말했어.

"작은 나무야, 고마워. 나도 네 꿈을 응원할게."

애벌레는 한 올 한 올 실을 뽑아내며 자신의 몸을 감싸기 시작했어.

바람이 슈웅 불어왔지. 나무는 애벌레가 집을 만드는 동안 함께 흔들리며 응원했어.

"힘내, 힘을 내!"

그러던 어느 날, 애벌레는 마침내 나비가 되었단다. 예쁜 날개를 달고 하늘을 향해 팔랑팔랑 날아가는 나비를 작은 나무는 오랫동안 바라보았어. "아! 눈이 부신걸!" 하면서 말이야.

고치 안에서 나비가 되기를 기다리는 애벌레의 시간을 생각할 때마다 좀 숙연해지곤 한다. 의미 있는 목표는 반드시 시련의 시간을 견뎌야 얻을 수 있단다. 힘든 여정에 서로에게 힘이 되어줄 수 있는 사람이 너에게도 있다면 얼마나 좋을까.

작은 나무가 애벌레의 꿈을 도왔듯, 너도 꿈을 향해 나아가는 친구를 도우렴. 그의 꿈이 설령 너와 무관할지라도 그에게 그 꿈이 얼마나 소중한가를 헤아린다면, 그 꿈을 이룰 수 있게 응원해줘야 한다.

누군가가 소중한 꿈을 이루려 애쓰고 있다면, 지금 잘하고 있다고 함께 응원해주자.

서두르지 마

한 가지에서도

꽃은
한날한시에
피지 않더라.

좀 늦게 피었다고
꽃이 아닐까.

네 꿈도
그래.

너는 누구니?

엄마는 그동안 '너 자신을 알라'는 말이 그리스 철학자 아리스토텔레스가 남긴 말이라고 생각했어. 그런데 사실 이 말은 아폴로 신전에 적힌 말이란다.

학창 시절 엄마는 이 말을 '알라, 니 꼬라지!'로 바꾸어 친구를 놀리기도 했는데, 참 못됐지?

'꼬라지'라는 말은 '성깔'이나 '성미'라는 뜻을 지닌 '꼬락서니'의 사투리지만, 상대방을 비하할 때 쓰는 말이기도 해. 그러니 이 말은 함부로 쓰면 안 되는 거였어.

손윗사람에게 이 말을 썼다면 된통 혼이 날 테고. 친한 친구 혹은 손아랫사람에게 쓰는 것도 조심해야겠지. 서로 농담을 주고받을 수 있는 사이라면 모를까 함부로 내뱉다간 오해를 살 수 있단다.

왜냐하면 이 말은 '너 인간답게 살고 있는 거야? 사람답게 살고 있어?'라는 맥락으로 묻는 말이기도 하니까.

누군가가 너에게 "너 자신을 아니?"라고 묻는다면, 넌 뭐라고 말할지 궁금하다. 네가 엄마에게 그렇게 묻는다면, 엄마도 쉽게 답을 줄 수 없을 거 같아.

'너 자신을 알라'는 말은 '너는 누구니?'라는 물음과 동시에 '나는 누구인가?'라는 자신에 대한 물음이기도 해.

이런 물음에는 '자신을 알아야 인간다운 삶을 살 수 있다'는 의미를 포함하고 있단다.

엄마도 너도 살아가는 동안, 이런 물음 하나 정도는 늘 마음에 두고 살자.

무섭지 않아

길을 가다 철조망 아래 피어 있는 노란 씀바귀꽃을 보았다. 철조망
과 씀바귀꽃이라니! 어울리지 않는다고 생각하지? 너무 이질적인 것
들이 함께 있다는 생각을 하며 한참 바라보다 낯을 붉히고 말았다.

고정관념.
사물에 대한 편견.
너무 오랫동안 한쪽으로 치우쳐 굳어져버린 생각들.
너는 사물이나 사람들에 대해 편견을 갖고 있지는 않니?

너에게 묻고 있지만, 사실 엄마 자신에게 묻고 있는 중이란다. '누군
가를 편견 어린 시선으로 대하는 실수를 범하지는 않았을까?' 하고서
말이다.

엄마도 너도 씀바귀꽃처럼 뾰족한 마음에
말랑말랑한 바람이 들치도록 마음의 창을 열어두자.

이제부터라도 엄마는 그런 마음을 뒷마루 청소하듯 싹싹 쓸어내야 겠다. 내 안에 알게 모르게 가지고 있던 고정관념이나 편협한 생각을 버려야 씀바귀꽃처럼 철조망에게도 먼저 손을 내밀 수 있겠지.

엄마도 너도 씀바귀꽃처럼 뾰족한 마음에 말랑말랑한 바람이 들치 도록 마음의 창을 열어두자.

'오목렌즈로 세상을 보는 사람은 모든 사물을 오목렌즈처럼 보고 볼록렌즈로 세상을 보는 사람은 모든 사물을 볼록렌즈처럼 본다'는 말이 생각난다.

제빵사의 꿈

제빵사가 되고 싶은 한 소년이 있었어.

제빵사가 되어 세상에서 가장 맛있는 빵을 만드는 게 소원이던 소년은 빵가게에서 기술을 배우며 열심히 일했단다. 하지만 빵가게는 장사가 잘되지 않았어.

어느 날 허름한 옷을 입고 모카빵보다 더 큰 슬리퍼를 신은 아이가 빵 가게 유리창에 이마를 대고 안을 들여다보고 있었어. 근처 보육원에 사는 아이라는 걸 주인은 단박에 알 수 있었지.

"얘야, 빵이 넉넉하지 못해 너에게 줄 수가 없구나!"

아이는 고개를 툭 떨어뜨린 채 슬리퍼를 질질 끌고 돌아갔단다.

소년은 젖은 물수건처럼 어깨가 축 처져 걸어가는 아이를 안타깝게 바라보며 커다란 떡갈나무 아래 앉아 생각했어.

'아이가 배부르게 빵을 먹을 수는 없을까?'

갓 구운 빵처럼 물이 든 떡갈나무가 주렁주렁 잎을 달고 소년을 내려다보고 있었어. 그 위로 뭉게구름 두 장이 몽실몽실 걸려 있었고. 순간, 소년의 두 눈이 반짝거렸어.

소년은 커다란 바구니를 들고 와 떡갈나무 잎을 따고, 뭉게구름도 뚜욱뚜욱 떼어 바구니에 담았어. 그러고는 싱글벙글 빵을 굽기 시작했지.

얼마나 지났을까.

"얘야, 이게 무슨 냄새니?"

주인은 단 한 번도 맡아본 적 없는 빵 냄새에 코를 벌름거렸어. 말을 더듬거리며 입을 다물지 못했지.

"아, 아니? 이, 이게 무, 무슨 빵, 빵이야?"

소년은 '갓 구운 떡갈나무빵, 뭉게구름빵'이라고 종이에 크게 써서 가게 유리창에 붙여두었어.

빵 가게 앞을 지나가던 사람들은 빵 냄새를 쫓아 몰려들기 시작했지. 난생처음 맡아보는 빵 냄새였거든.

떡갈나무빵, 뭉게구름빵이라니!

사람들은 빵에 코를 들이대며 빵을 달라고 졸랐어. "빵, 빵, 빵을 주세요, 빵, 빵" 하면서 말이야. 지나가던 자동차들도 빵빵거리며 빵을 사려 몰려들었고.

소년은 부지런히 떡갈나무빵, 뭉게구름빵을 만들었어. 어디 그뿐이겠어? 겨울에는 눈사람빵, 봄에는 벚꽃빵과 진달래꽃빵을 만들었지.

여름에는 무슨 빵을 만들었냐고? 그야 오목렌즈로 햇살을 모아 구운

새로운 방법으로 본다는 건
새로운 방법으로 느끼는 것이란다.
생각이 시냇물처럼 흐르도록 하거라.
엄마는 너의 호기심에 쉼표가 없기를 바라.

햇살빵을 만들었지.

모카빵보다 더 큰 슬리퍼를 신고 오던 아이는 더 이상 빵집에 오지 않았어. 소년이 날마다 빵을 가져다주었거든.

소년은 침샘에 퐁당 빠져 죽어도 못 잊을 빵을 계속 만들었어. 아침 이슬빵, 시냇물 소리빵, 바람 노래빵, 아가 미소빵, 반딧불이빵, 달무리빵, 귀뚜라미 소리빵, 달맞이꽃빵……

셀 수 없이 다양한 빵이 나와 사람들을 즐겁게 했단다. 시냇물 소리 빵을 먹은 아이는 웃을 때마다 시냇물 소리를 내었고, 아가 미소빵을 먹은 사람은 늘 아가처럼 방실방실 웃었지.

밤을 무서워하던 어떤 아이는 반딧불이빵을 먹었어. 반딧불이처럼 엉덩이에서 불빛이 나와 밤에도 밖에 나와 뛰어놀았단다.

놀랍지? 믿을 수 없다면 너도 한번 먹어봐!

한 소년의 기발한 생각이 빵가게를 바꾸어놓았구나.

언젠가 빵집 앞에서 누군가를 기다리다 이런 상상을 했단다.

'가로수가 노란 잎을 달고 서 있던 가을이었으니, 노란 떡갈나무나 은행잎으로 빵을 굽는다면? 뭉게구름을 뚝 떼어 오븐에 구우면 어떤 빵이 될까? 쏟아지는 햇살을 둘둘 말아 크루아상을 만들 수는 없을까? 이런 빵을 굽는 사람들이 사는 마을이 있다면?'

새로운 방법으로 본다는 건 새로운 방법으로 느끼는 것이란다.

생각이 시냇물처럼 흐르도록 하거라.

엄마는 너의 호기심에 쉼표가 없기를 바라.

주파수를 맞추렴

네가
지금
성공했다고 믿는다면

그게
바로
성공이란다.

성장하려면

서울시 시민청에서 인문학 강의를 진행하던 때였다. 오전 10시에 시작하는 강의에 6주 내내 가장 먼저 참석하는 노인이 계셨지. 노인은 깔끔한 재킷 차림에 작은 가방 하나를 메고 다니셨어.

아마 3주 차 '레미제라블' 강의가 있던 날이었을 거야. 강의가 시작되기 전, 노인께 살짝 나이를 여쭈었지. 노인은 머뭇거리며 작은 소리로 '구십'이라고 하셨단다. 나는 잘못 들은 것이라고 생각해 노인께 다시 여쭈었어. 부끄럼 많은 사춘기 소년처럼 노인은 얼굴을 붉히며 내 귀에 가까이 대고 말씀하셨단다.

"구십이에요."

더더욱 놀라운 것은 그다음이었다. 가방을 연 노인이 책 두 권을 꺼내 탁자에 올려놓았는데, 번역본 《레미제라블》이었어. 다섯 권짜리인데, 무거워서 다 못 가져왔다고 하시더라. 군생활을 하며 읽었던 당시의 감동을 잊을 수 없다고 하셨지. 누렇게 바랜 책장 몇 군데를 펼치시는데, 잘 마른 강아지풀, 개망초, 질경이 잎이 책갈피 여러 곳에 꽂혀 있었단다.

20대 때 읽었던 책을 수줍게 보여주시던 노인의 표정, 마른 수국 한 송이가 다시 피어나는 것 같았다.

구십의 노인이 젊은 시절에 아껴 읽던 책을 메고, 한 시간 거리 지하철을 이용해 오셨다는데, 믿기지 않을 만큼 건강하셨다. 매주 강의 시간을 기다리신다던 노인은 강의가 끝나는 날까지 결석 한 번 하지 않으셨지.

이모네 아파트에는 가을이면 온통 국화가 지천이란다. 그곳을 지나는 길이면 엄마는 일부러 꽃을 보러 그곳에 들르곤 하지. 아파트 이름은 '보라'인데 사람들은 그 아파트를 '국화아파트'라고 부르곤 해.

그 아파트 6층에 사는 팔순 노인은 뒤늦게 식물 공부를 시작했는데, 특히 꺾꽂이에 관심이 많으시단다. 아파트 화단은 물론 흙이 보이는 곳이면 어디든 꺾꽂이를 통해 국화를 늘려가는 중이셨어. 가을이면 아파트 주변이 마치 국화 전시장 같았지.

국화뿐 아니라 개나리, 사철나무, 철쭉이며 꺾꽂이가 가능한 식물을 울타리에 꽂고 물과 거름을 주느라 분주하게 지내신단다. 노인의 건강을 염려해 이모가 그 일을 만류할 때마다 이렇게 말씀하시곤 했다지.

"재밌으니까."

가지를 꺾어 심었을 뿐인데 뿌리를 내리고 꽃을 피우는 식물이 더없이 고맙다며 즐거워하신단다. 놀랍지?

공부든 취미든, 하고 싶은 일을 끝까지 놓지 않고 할 수 있는 힘, 그 에너지는 어디서 오는 걸까?

열정의 끈을 놓지 않고 사는 사람들은 건강하고 유쾌하며 끊임없이 성장하는 것 같아.

엄마도 그럴 수 있을까?

구십이 되어 칠십 년 전에 읽었던 책들을 꺼내 들고 일주일을 기다렸다 설레는 마음으로 인문학 강의를 들으러 갈 수 있을까? 꺾꽂이만 해줘도 뿌리를 내리는 식물의 힘을 믿고 아파트 단지를 국화꽃으로 장식할 수 있을까? 아흔아홉까지 글을 쓸 수 있을까?

열정은 끊임없이 무언가를 알고자 하는 어린아이 같은 호기심에서 비롯된단다. 호기심이 많은 아이들은 성장을 멈추지 않지. 새로운 것에 대한 호기심과 탐구정신으로 무장한 아이들은 끊임없이 성장하며 발전하거든.

　말랑말랑한 어린아이의 뇌도 쓰지 않으면 굳어져 퇴행한다는데, 호기심이 적은 성인의 뇌는 얼마나 빨리 굳게 될까. 유리창도 닦아야 깨끗해지고 그릇도 닦아주어야 빛이 나듯, 엄마도 너도 호기심을 가득 채워 끊임없이 성장하자.

조금 더 기다려줄걸

남미 여행 중 칠레에 갔을 때의 일이다. 사월이었음에도 남미의 날
씨는 쉽게 적응이 되지 않았다. 무척 더웠지.

지도에 의지해 시인 네루다의 생가에 가려던 길이었어. 길을 잘못
들어 헤매다 '네루다 레스토랑'을 발견했단다. '네루다'라는 간판을
보고 무턱대고 안으로 들어간 거야.

네루다가 자주 찾았다는 그 음식점엔 네루다 사진이 여러 장 걸려
있었고, 지배인은 그가 즐겼다는 음식들을 한껏 자랑했어.

뜰에 놓인 작고 정갈한 탁자에는 꽃 그림이 가득한 접시들이 놓여
있었고, 나비 한 마리가 날아와 앉아 있나 싶게 노랑 빨강 나비들이
그려져 있었다.

나이 지긋한 종업원이 추천한 샐러드가 그 접시에 담겨졌지. 사과
와 아보카도에 설탕과 식초를 넣은 간결하고 깔끔한 맛이었어. 잠시

네루다 생가에 가는 걸 잊을 만큼 그 맛에 빠져 있었단다.

종업원은 뜰에 서 있는 키 큰 나무를 가리키며 '아보카도 나무'라고 말했어. 그는 내 주먹보다 훨씬 큰 아보카도 하나를 들고 와 아보카도 가 남미 사람들에게 얼마나 소중한가를 강조하며 자랑했는데, 그 표정을 지금도 잊을 수가 없다.

그동안 아보카도를 즐겨 먹지 않는데, 네루다 식당의 샐러드를 맛본 이후, 아보카도를 먹기 시작했다. 그리고 뜰에 아보카도 씨를 심어 나무로 키워보겠다고 벼르고 있었지.

아보카도를 반으로 자르면 단단하고 매끄러운 씨가 모습을 드러내었어. 살굿빛을 띤 동글동글한 아이 얼굴 같기도 하고 네가 좋아했던 왕구슬, 왕사탕 같기도 했지. 탁구공으로 쓰기엔 너무 무겁고, 구슬치기하기엔 단단해 대적할 구슬이 없을 것 같아.

아보카도 씨가 얼마나 크고 단단한지 넌 모를 거다. 어떻게 그리 딱딱하고 두꺼운 껍질을 뚫고 싹을 틔워 나무가 될 수 있을까?

호기심을 가득 품은 채 씨를 흙에 묻었다. 물을 주고 기다리고 기다려 스무날이 지났건만 싹은 나오지 않았어.

'괜한 짓 했네.'

이국땅에 들어와 뿌리를 내리는 일이 어디 그리 쉬울까? 마음에 아쉬움이 가득 차 씨앗을 파내려고 흙을 들추었다.

그런데 맙소사! 태어나 땅에 막 발을 내딛는 아가의 희고 여린 발처럼 아보카도는 뽀얗고 작은 뿌리를 흙에 내리고 있는 중이었어.

심장이 턱 하고 발등에 떨어진 것 같았다. 아보카도로 뒤통수를 한

대 쾅 얻어맞은 것 같았지.

'좀 더 기다려줄걸!'

참지 못하고, 기다리지 못한 걸 후회했다.

막 흙에 뿌리를 내렸는데, 쓸모없다며 꽃삽을 쑤셔 넣었던 성급함. 아보카도 씨앗이 얼마나 놀랐을까 생각하니 낯 뜨거웠다. 그토록 딱딱한 껍질을 비집고 나오기까지 오랜 시간이 걸린다는 걸 헤아렸어야 했어.

"껍질을 뚫고 나오느라 얼마나 힘들었는지 알기나 해요?"

아보카도가 내게 묻는 것 같았다. 나는 뿌리를 낸 아보카도가 다치지 않게 조심조심 화분에 옮겨 심었지.

아보카도의 여린 싹을 보며 너를 생각했단다. 너도 언젠가 아보카도처럼 놀라지 않았을까? 아보카도처럼 좀 천천히 준비하고 있었던 것뿐인데 기다리지 못하고 몰아 부친 엄마 때문에 말이야.

네 힘으로 세상을 향해 걸어 나올 수 있도록 여유를 주고 지켜보았어야 했어.

스무날이 지나 싹을 낸 아보카도 씨앗을 보며, 기다려야 값진 것을 얻을 수 있다는 걸 다시 한 번 깨달았다.

아보카도의 여린 싹을 보며 너를 생각했단다.
네 힘으로 세상을 향해
걸어 나올 수 있도록 여유를 주고
지켜보았어야 했어.

진흙탕 축제

지난해 여의 스님이 주신 아끼고 아끼던 차를 꺼냈다. 실에 여미어 있던 마른 연꽃 한 송이를 찻잔에 넣고 물을 부으니, 막 잠에서 깨어나 기지개를 켜던 어린 날의 너처럼 피어나는구나.

꿈을 꾸듯 차를 마신다. 연꽃은 내 안에 꽃 이상의 의미가 있단다. 내 삶이 고달프고 지쳤을 때, 더 없는 위로가 되었지.

진흙 속에 뿌리를 내리고 대접만 한 꽃을 턱 하니 피워낸 그 당당함, 함지박만 한 잎은 또 얼마나 수선하냐. 한여름의 열기, 꼿꼿하게 내리꽂는 소나기를 받아내는 짙푸른 결기를 생각하면 마음이 넉넉해지곤 했어.

연꽃은 뿌리에서 잎, 꽃과 열매까지 그 무엇 하나 버릴 게 없단다. 그 어떤 오수나 진흙 속에도 투정 부리지 않고 뿌리를 키워 향으로 채우지. 이런 연꽃을 어떻게 좋아하지 않을 수 있겠어.

어떤 식물은 기르기가 까다로워 기르기를 포기할 때가 있다. 토양과 물, 햇볕과 바람, 이것저것 신경 쓸 일이 한 두 가지가 아닌 식물은 마음을 졸이며 돌봐도 나를 시험에 들게 하지.

'내 꼴이 이게 뭐냐? 왜 힘들게 하냐? 내 마음도 제대로 헤아리지 못하면서 왜 집에 들였냐?'

끊임없이 불평을 늘어놓고 요구하며 탓을 해.

이런 식물과는 달리, 내게 무한에너지를 주며 쑥쑥 자라는 식물도 있단다. 그저 밥만 주고 좀 얼러주면 동네방네 뒹굴며 힘자랑하던 그 옛날 아이처럼 말이다.

기운차게 잎을 틔우며 꽃에 열매까지 안겨주는 식물, 알아서 건강하게 자라는 대견한 것들을 보면 생각만으로도 흐뭇해진다.

사람도 그래. 끊임없이 불평불만을 쏟아내는 사람, 책임이나 의무라는 말에는 온갖 이유를 대며 빠져나가는 사람, 자신의 잘못을 절대 인정하지 않는 사람, 누군가의 호의를 이용해 자신의 욕심을 채우고 삶에 대한 아무런 계획도 없이 대충 사는 사람.

매사에 긍정적이며 어떤 환경에서건 군말 없이 자신의 길을 걸어가는 사람도 있지. 연처럼 말이야.

연꽃차 한 잔을 앞에 두고 엄마가 널 생각하는 건 연꽃의 마음을 네가 알았으면 해서다.

진흙탕 속에 뿌리를 내렸지만 당당하게 삶을 일구어낸, 연꽃 같은 삶을 엄마는 '진흙탕 축제'라고 하련다. 그 무엇도 탓하지 않고 묵묵히 제 인생을 살아내는 연꽃의 삶이야말로 축제의 삶이 아니고 뭐겠니!

네가 처한 환경을 탓하기에 인생이 그리 길지 않다는 걸 깨닫는 순간, 네 삶은 축제가 될 거라는 걸 늘 마음에 두고 살기 바란다.

어제 집에 돌아와 내내 골이 나 있던 네 모습이 오늘 내내 엄마 마음에서 떠나질 않는구나.

엄마는 네가 연꽃처럼 삶을 축제로 만들 거라는 걸 믿어. 환경을 탓하지 않고 꽃을 피워 향기로 채우는 연꽃처럼 네 삶을 향기로 가득 채울 거라고 말이다.

엄마는 네가 연꽃처럼 삶을 축제로
만들 거라는 걸 믿어. 환경을 탓하지 않고
꽃을 피워 향기로 채우는 연꽃처럼
네 삶을 향기로 가득 채울 거라고 말이다.

♥

네 가슴에 상처가 날까 봐

소금쟁이를 사랑한 호수가 있었어. 소금쟁이는 늘 말없이 호수 가장자리에 머물렀지. 호수는 물무늬가 일지 않게 조심조심 걷는 소금쟁이가 좋았어.

호수는 소금쟁이가 떠날까 봐 늘 불안했단다. 소금쟁이의 마음을 알아보려고 때론 호수에 작은 무지개를 피워 올리기도 하고 안개를 가득 채워보기도 했지. 그런데 소금쟁이는 늘 변함이 없었어.

호수는 그런 소금쟁이가 조금씩 미워졌어. 마음을 열지 않는 욕심쟁이라고 생각했지.

'도무지 소금쟁이 마음을 헤아릴 수가 없어!'

더 이상 참을 수가 없다고 생각한 호수는 어느 날, 자존심을 조금 내려놓고 소금쟁이에게 물었어.

"넌 왜 내 마음을 모르니? 너와 조금 더 가까워지고 싶은데 왜 내 주위만 맴도는 거야? 넌 참⋯⋯."

호수는 더 이상 말을 잇지 못했어.

고추장 항아리 같은 얼굴로 잔뜩 화가 나 있는 호수를 바라보던 소금쟁이가 이렇게 말했단다.

"네 가슴에 상처가 날까 봐 그래."

호수는 안달복달 마음 졸이며 불안해했던 날들을 생각하니 엄청 부끄러웠어.

그때 당근색 노을이 호수에 살포시 내려와 앉았단다. 가장자리를 맴돌며 살금살금 경중경중 걷고 있는 소금쟁이를 호수는 흐뭇하게 바라보았지.

자신의 마음을 헤아리고 살피며 항상 그 자리에 있어준 소금쟁이가 엄청 고맙고 멋져 보였어.

애야, 좋아하는 친구 혹은 사랑하는 사람이 떠날까 봐 걱정하고 맘을 졸인 적 없었니?

'관계'라는 게 그렇단다. 상대의 마음을 알아간다는 게 쉽지 않아.

'나도 나를 모르는데 난들 너를 어찌 알겠느냐?'라는 유행가 가사처럼 누군가의 마음을 읽고 헤아린다는 게 어디 쉬울까. 그래서 서로 싸우기도 하고 상처를 주며 등을 돌리기도 해.

오해의 얼룩이 잔뜩 묻어 서로를 마주 볼 수 없는 이들도 있단다.

인간관계는 '난로처럼 너무 멀지도 않고 가깝지도 않아야 한다'고 했던 어떤 스님의 말이 생각난다. 좋은 관계는 지나치게 간섭하거나 집착하지 않는 거리가 필요한 거야.

　그러기 위해서는 상대의 마음을 헤아려야 해. 마음을 헤아린다는 것은 상대를 아끼는 것이며 존중하는 것이지. 소금쟁이가 호수의 가슴에 상처를 내지 않으려고 살금살금 걸었던 것처럼 말이다.

함께 있되 거리를 두라.
하늘 바람이 그대들 사이를 춤추게 하라.
서로 사랑하되 서로 구속하지 말라.
함께 있되 너무 가까이 서 있지 말라.
사원의 기둥들도 서로 떨어져 있고
참나무와 삼나무도 서로의 그늘 속에서는 자랄 수 없으니.

칼릴 지브란의 경구 같은 이 시를 늘 마음에 담아두거라.

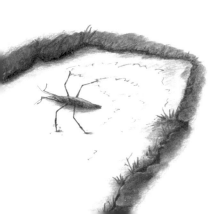

네가 늘 이랬으면 좋겠어

큰삼촌의 첫 직장은 미국 오크 리지에 있는 핵연구소였지. 어느 날 저녁 집에 돌아가는데, 갑자기 고라니 한 마리가 뛰어나와 삼촌의 자동차에 치이고 말았단다.

깜깜한 밤에 그 일을 당했으니 삼촌이 얼마나 놀랐겠어.

삼촌은 놀란 가슴으로 경찰에 전화했는데, 당황한 나머지 영어로 '사슴'이라는 말이 떠오르지 않아 이렇게 말했단다.

"루돌프를 치었어요!"

그러자 경찰이 묻더란다.

"산타는 괜찮습니까?"

자동차는 폐차시켜야 했고, 삼촌은 갈비뼈 두 개가 부러져 오랫동안 고생을 했다지. 삼촌에게 그 얘기를 듣고 엄마는 얼마나 웃었는지 몰라. 산타의 안부를 물었다던 그 경찰 때문이야.

127

워낙 우스갯소리를 잘하는 삼촌도 삼촌이지만, 경찰의 여유와 기지 그리고 유머 또한 부러웠어. 뒤에 안 일이지만, 사실 그 유머는 이미 널리 알려진 얘기였단다.

어린 시절, 한동네에 살던 친척 아저씨는 늘 웃음이 가득한 얼굴이었어. 아이들을 무척 좋아했는데, 엄마도 아저씨를 참 좋아했단다. 나는 아저씨의 심각한 표정을 본 적이 없어. 늘 싱글벙글, 만나는 모든 꼬마에게 장난을 걸어오며 우스갯소리를 했어.

어느 날, 아저씨와 마주친 나는 기겁을 했지 뭐야.

"너 코가 왜 그리 길어졌냐? 거짓말했지?"

아저씨는 내 코에 검지를 대고서 "딱, 삼 센티야, 삼 센티!" 하며 피노키오가 되었다고 했어. 아저씨의 그 말에 나는 코를 감싸 쥐고 도망쳐 거울 앞에 섰는데, 거짓말처럼 코가 길어진 것 같았어.

그 당시, 나는 고소한 맛이 나는 남동생의 비타민을 엄마 몰래 주머니에 넣어두고 먹는 중이었거든. 엄마는 그 비타민을 특별히 남동생에게만 주려고 아이들 손이 닿지 않은 높은 선반에 올려놓았는데, 나는 의자를 놓고 올라가 한 주먹씩 꺼내 먹곤 했단다(그 덕에 내가 크게 아픈 곳 없이 지금껏 살고 있는지도 몰라).

그런데 그걸 아저씨가 어떻게 알고 있었던 걸까? 지금 생각하면 아저씨가 알고 한 말이 아니었을 텐데……. 아저씨는 아이들뿐 아니라 누굴 만나든 재미난 얘기를 해 웃게 만든 웃음 바이러스였단다.

그 친척 아저씨가 지난달 여든일곱의 나이로 세상을 떠나셨다는구나. 조문을 가지 못했지만, 아마 아저씨는 마지막까지도 얼굴에 미소를 가득 담고 떠나지 않았을까? 아마 하늘나라에서도 웃음 바이러스를 퍼뜨리며 유쾌하게 사실 거야.

나와 인연을 맺었던 사람들은 다양한 표정으로 내 기억 속에 남아 있단다. 아저씨처럼 늘 여유롭게 유머와 웃음을 주는 사람이 있는가 하면, 어떤 사람은 늘 심각한 표정으로 이 세상 모든 고민을 다 짊어지고 사는 것 같아 보기만 해도 우울해지지. 그런 우울한 사람과는 만

남의 회수가 점점 줄어들게 되더구나.

너도 유쾌한 기운을 가진 사람을 많이 만나렴. 그리고 누구에게나 유쾌한 사람으로 기억되었으면 좋겠다.

네가 우울한 사람으로 기억되어 친구나 동료들이 널 멀리한다면, 엄마는 좀 슬플 거야. 그렇다고 늘 헤실헤실 실없이 웃어 상대방의 오해를 사는 일은 없어야겠지? 웃는 낯에는 침을 뱉을 수가 없다지만 때와 장소는 가려야 한다.

유머와 여유는 하루아침에 생기는 게 아니지만, 살면서 마음에 여유를 가진다면 엄마의 친척 아저씨처럼 유머와 웃음이 있는 삶을 살지 않을까 싶어.

춤추게 하는 말, 아프게 하는 말

초등학교 1학년 시험에 이런 문제가 있었다지.

'짝꿍이 미술 대회에서 입상했을 때, 짝꿍에게 어떤 말을 해주어야 할까요?'

그런데 한 학생이 이런 답을 적었더란다.

'꼴에.'

너무 황당해 웃었지만, 좀 씁쓸했다. 이제 일고여덟 살 된 아이가 이런 답을 적어 넣었을 때까지 아이의 언어 습관이 어떠했는지를 단박에 알 수 있었어. 미술 대회에서 상을 받은 친구에게 칭찬해주는 게 그리 어려웠을까?

외국인이 한국에 처음 들어와 부산에 정착하면 부산 사투리를 쓰고 전라도에 정착하면 전라도 사투리를 쓰듯, 아이의 언어 습관은 아이의 환경에서 비롯되었다고 볼 수 있거든. 아마 아이의 부모가 아이에게 칭찬에 인색했거나 매사에 부정적인 말을 사용했을 가능성이 크지.

칭찬에 인색한 부모와 산 아이들의 경우 자존감이 낮고 부정적인 언어를 많이 사용한다는 연구 결과를 본 적 있다.

《언어의 온도》를 쓴 이기주 씨는 말에도 품격이 있어 '말은 마음을 담아내는 마음의 소리'라고 하더구나. '사람의 입에서 태어난 말은 입 밖으로 나오는 순간 그냥 흩어지지 않고 사람의 귀와 몸으로 다시 스며든다'고 해. 말을 내뱉는다는 게 얼마나 중요한가를 두고 한 말일 거다.

얼마 전 엄마 친구가 전화를 걸어왔는데, 몹시 속이 상해 있었단다. 몸이 아파 누워 있는데 남편이 "또 아파? 안 아픈 데가 없군. 멀쩡한 데가 어디야?" 하더란다.

친구는 마음이 칼로 벤 것보다 더 아프다고 했지. 언젠가는 똑같이 갚아줄 거라며 마음을 좀 추스르는 것 같았지만, 나는 우울했단다.

친구가 어떤 상처 되는 말을 쏟아내 남편의 마음을 후벼 파게 될지 걱정이 좀 되었거든. '되로 주고 말로 받는다'는 옛말처럼 친구의 남편은 자신이 내뱉은 말보다 몇 배는 강도 높은 말로 상처를 입지 않을까.

너도 말로 친구의 마음을 상하게 한 적은 없었니? 친구가 그랬기 때문에 나도 그럴 수밖에 없었다고? 충분히 이해해. 하지만 말에는 씨가 있단다. 주위를 봐도 알 수 있을 거야. 욕을 입에 달고 사는 사람은 그게 일상언어라는 걸.

말에도 품격이 있고 온도가 있듯, 처음 보는 사람과 만나 대화할 때 엄마는 상대방 말의 온도와 말 그릇의 크기를 가늠해보곤 해. 상대의 말 그릇에 맞게 귀를 기울이고 그가 원하는 말에 내 생각을 담아 건네려고 애쓰지. 가능한 한 말로 말미암은 실수를 줄이기 위해서야.

엄마 친구처럼 어른들도 싸울 때는 할 말 못 할 말 가리지 않고 내뱉고, 서로 상처를 주는 경우도 있단다.

예의 없는 대화 때문에 상처를 받게 되면 예전의 관계로 돌아가기 힘들지. 땅을 치고 후회하며 용서를 빈다고 한들 쉽게 상처가 아물지 않아. 말로 한 번 베인 상처는 쉽게 낫지 않거든. 약도 바를 수 없지.

그러니 좋은 관계를 오래 유지하려면 먼저 상대의 마음을 헤아리며 대화해야 해. 예의를 차릴 것도 없는 편한 관계라면 더욱 그렇단다. 한 번 상처를 주고받으면 더 회복하기가 힘들거든.

아끼고 오래 곁에 두고 싶은 사람이 있다면 말로 마음을 베지 않도록 해야 한다. 마음에 오래 남아 싹을 틔우고 꽃을 피우게 할 수 있는 말은 어떤 말일까? 생각해보니 이런 말일 것 같아.

힘들지?
아픈 데는 없니?
맛난 거 먹을까?
넌 최고야.
오늘 더 멋지다!
너 지금 잘하고 있어.
충분해.
아주 잘했어!
사랑해.

네가 마음에 이런 말의 씨앗을 품고 살아가면 좋겠구나. 그리하면
네 아이도 칭찬 대신 '꼴에'라는 말은 하지 않을 거야.

흔들린다면 숲으로 가렴

오늘은 비바람이 몹시 부는구나. 뜰 앞에 서 있는 자작나무 몇 그루가 거친 바람에 고개를 숙이고 이리저리 부대끼는 모습을 거실에 서서 한참 보고 있었다.

꺾이지 않으려고 몸을 숙이고 흔들리는 나무를 보며 나의 지난 시간과 너의 다가올 시간에 대해 생각하는 중이다.

엄마는 생각이 잘 정리되지 않을 때면 숲에 가곤 한다. 네가 어려서부터 엄마와 자주 찾던 그곳, '명상의 숲'에 가면 마음이 안정되었지. 나무 사이를 걷다 보면 실타래처럼 얽혀 있던 문제들이 풀리며 머리가 맑아졌고 이기적인 생각들을 조금 내려놓게 되었거든.

'나무는 빛을 향해 높은 곳으로 오를수록 더 깊은 곳, 어둠 속, 심연, 깊은 땅속에 뿌리를 박는다'라고 했던 니체의 말을 부인할 수 없던 곳이다.

머리가 복잡하고 마음이 흔들릴 때는 숲으로 가렴.
나무에 기대어 귀 기울이고 삶의 지혜를 구하려무나.

요란 떨지 않고 묵묵히 나이테를 만드는 나무. 옆에 서 있는 나무를 향해 이래라저래라 간섭하지 않는 나무. 그저 제 할 일을 하면서 계절마다 잎을 틔우고 꽃과 열매를 키우고 새에게 둥지를 허락하고 산짐승의 안식처가 되는 나무. 어느 농가 지붕의 서까래가 되어주기도 하고, 농부의 표고를 키우는 장소가 되어주기도 하고, 모닥불을 위한 장작이 되어주기도 하는 나무.

어디 그뿐일까. 나의 엄마처럼 모든 걸 내어주고도 아깝지 않은 표정으로 늘 그 자리에 서 있지. 그래서 나는 그런 나무가 모여 있는 곳, 숲으로 간다.

프랑스 철학자 가스통 바슐라르는 '나무처럼 깊어지고 그렇게 올바르고 그렇게 진실되고 그렇게 성장해야 한다'고 했단다.

나무 한 그루 한 그루가 가지를 뻗고 자신이 필요한 넓이만큼의 하늘을 차지하고 평화롭게 서 있는 곳. 서로 나란히 함께 어우러져 햇살과 바람과 공기를 공유하는 곳.

식물의 세계 또한 인간의 세계와 다르지 않아, 햇살을 많이 차지하려고 빠르게 위로 가지를 뻗어 다른 식물을 고사시키는 나무가 있다는 어느 식물학자의 말을 숲에 있는 동안만큼은 절대 동의할 수 없다. 그저 숲에는 고요와 평화가 있을 뿐이야.

숲은 거짓과 분노, 오해와 상처, 다툼과 분열이라는 말보다는 화해와 용서, 웃음과 사랑, 희망과 시작이라는 말의 씨앗을 키워내지. 그러니 마음에 분노라는 말이 차 주체할 수 없을 때, 상처받은 마음을 꿰맬 수 없을 때, 이성이 바닥에 곤두박질할 때, 나는 무작정 숲으로 간다.

호주에는 150미터가 넘는 유칼립투스 나무가 자라고 있단다. 그 유칼립투스 나무는 뿌리 끝에서 잎줄기 끝까지 300미터가 넘는다지. 가느다란 물관을 통해 뿌리 끝에서 줄기 끝까지 물과 양분을 끌어 올려 잎사귀 하나하나까지도 돌보는 나무.

나무 한 그루가 해낸 그 엄청난 일을 상상해보렴. 그러니 머리가 복잡하고 마음이 흔들릴 때는 숲으로 가렴. 나무에 기대어 귀 기울이고 삶의 지혜를 구하려무나. 아마 나무가 네게 이렇게 속삭일 거야.

"얘야, 나무처럼 생각하고 나무처럼 살아라."

애야, 나무처럼 생각하고
나무처럼 살아라.

둥글어진다는 것

오래전 완도 보길도 예송리라는 마을에 머문 적이 있었다. 바닷가의 아주 작은 집에 할머니가 김 농사를 지으며 혼자 살고 계시더라. 그 할머니 댁에서 하룻밤을 보냈지.

그런데 잠을 제대로 이루지 못했어. 밤새 몽돌이 촤르르 촤르르 소리를 내었기 때문이야. 파도가 밀려와 멀어져갈 때마다 작은 몽돌이 구르며 내는 소리였단다.

다음 날, 바닷가에 나가 보니 아침 햇살을 이마에 인 아주 작은 몽돌이 방금 세수를 마친 아이처럼 반짝이며 얼굴을 내밀고 있더구나.

"쉬지 않고 널 괴롭히는 파도가 밉지 않니?" 하고 내가 물었지. 그러자 작은 몽돌이 이렇게 말했단다.

"덕분에 이렇게 둥글어졌잖아."

파도가 자신을 둥글게 만들었다고 생각하는 몽돌이라니? 파도가 뒷걸음질칠 때마다 햇살에 잠깐 몸을 말리던 몽돌 두어 개를 주머니에 넣었단다.

새벽 찬바람 속 채취해 온 김을 널고 계시던 할머니의 손, 마디마디가 그 몽돌 같았다.

그 당시 엄마는 직장 동료를 엄청 미워하고 있었다. 자기 일도 제대로 못하고 자리만 지키는 그 사람이 미워 아침마다 출근하는 게 고역이었어.

자신이 할 일을 떠넘기고 남의 공을 가로채 자기 것으로 만들고, 문제가 생기면 남 탓, 회식은 단골 식당에서 자기 좋아하는 메뉴 정하기, 똥수저를 입에 문 것처럼 고약한 구취에 자신의 집안과 재력을 들먹이며 집에 금송아지가 열 마리쯤 있다고 뻥튀기는 사람.

뭘 해도 미웠던 그 사람만 없으면 내 직장생활이 훨씬 나아질 것 같았고, 내 삶이 훨씬 유쾌해질 것 같았지.

아무리 싫은 마음을 겉으로 드러내지 않으려 해도 쉽지 않았던 거야. 아마 그 사람도 알았을 거다. 그와의 관계가 원만하지 않았어. 예송리에 머무는 동안에도 그에 대한 미움이 마음에 차올라 괴로웠단다.

그런 마음으로 해변에 한나절을 앉아 있었다. 몽돌은 끊임없이 파도에 쓸리고 구르며 챠르르 챠르르 소리를 내었어. 그리고 내게 말했지.

"나도 처음엔 뾰족하고 날카로운 돌이었어. 많은 시간을 파도에 깎이고 구르며 이렇게 둥글어진 거야. 너도 그럴 수 있어."

기시미 이치로가 쓴 《미움받을 용기》를 보니, 마음에 얽힌 실타래를 풀어가는 방법을 안내하고 있더구나. 인간은 사랑받고자 하는 욕망을 기본적으로 가지고 있다고 해. 그는 '누구나 행복할 수 있으나 행복을 위해서는 용기가 필요하다'고 했던 심리학자 아들러의 말에 방점을 두고 있었어.

그는 '현재 가지고 있는 어떤 문제는 지금의 문제이니 과거에서 원인을 찾지 말라'고도 했지. 나는 그 말에 동의할 수가 없었다. 현재의 문제는 분명 과거로부터 비롯된 것 아니겠니? 과거가 없었다면 현재 고민을 할 필요도 없겠지.

그런데 그가 강조한 것은 과거와 현재를 분리해야 한다는 거야. 과거의 문제는 과거의 것이지, 현재의 것이 아니라고 해. 누군가와의 꼬인 관계에서 벗어나는 방법은 현재 자신의 일에 집중하는 것이라고 하더구나.

　어지간히 마음 근력이 생기지 않으면 어려운 일이겠지만, 용기를 내라고 하니 나는 그의 말대로 해보기로 했어. 예송리 바닷가에서 들고 온 작은 몽돌이 큰 힘이 되었지.

　긴 세월, 마음을 쓸어내며 조금씩 둥그러진 몽돌은 지금도 내 마음속에 들어앉아 누군가가 미워지려 할 때마다 얼굴을 내밀고는 매일 조금씩 둥글어지라고 귀띔해준단다.

사과가 먼저야

어제 친구와 싸우고 괜찮았니? 친구의 잘못이 크니 친구가 먼저 사과해야 한다고 네가 말했지. 잘못한 게 없는데, 왜 먼저 사과를 하느냐며 너는 화가 잔뜩 나 있었어.

잘못을 먼저 인정하는 사람은 흔치 않아. 자존심이 상했거나 싸움에서 진 것이라고 생각하면 더욱 그렇지. 그 자존심 때문에 친구와 등을 지고 영원히 보지 않고 사는 경우도 있고. 형제와 연인, 부부 또한 그 자존심 때문에 헤어지기도 한단다.

어느 유튜버가 '사과의 기술'이라는 채널을 운영하고 있더라. 그는 사과 껍질을 칼로 벗기며 방송을 시작하는데, 그가 하는 말이 아주 인상적이었어. 사과 껍질을 벗기며 드러나는 하얀 속살을 볼 때마다 '이게 바로 사과구나' 하는 생각이 든다고 했거든.

음이 같지만 의미가 전혀 다른 하나의 낱말을 통해 사과의 진정성

144

에 대해 얘기하려는 것 같아 신선했다. 사과의 속살이 드러나듯 진정성 있게 하는 사과만이 진짜 사과라는 그의 말에 전적으로 공감했어.

사과는 진정성 있게 해야 하지. 가능한 한 머뭇거리지 말고 빨리하는 게 좋아. 자존심을 세우며 키 재기하듯 잘잘못을 따지며 상대의 사과를 기다리다 보면 관계를 회복할 수 없는 지경에 이르기도 하거든.

인간은 이기적이어서 내 잘못보다는 상대의 잘못이 크다고 생각하기 쉽단다. 성경에도 '남의 눈의 티끌은 보면서 네 눈의 들보는 보지 못한다'는 말이 있잖아. 상대의 잘못이 나보다 크다 생각하면 먼저 사과할 수 없지. 그런 마음이 오래 지속되면 서로 소원해지게 마련이야.

사과는 상대방을 위한 것이기보다 자신을 위한 것이란다. '불편한 관계로 지내려 하니 내 삶이 엉망이야. 빨리 이 상황을 종료하고 싶어'라는 자기 삶의 방어기제 같은 것이지. 좀 더 빨리 해방감을 느끼고 싶다면, 자신의 삶을 온전히 지키고 싶다면, 먼저 사과하거라. 자존심 따위는 팽개치고 말이다.

상대방이 전적으로 잘못을 했을 때는 어떻게 하냐고? 절대 용서할 수 없는 잘못이라고? 그런 경우라면 좀 당황스럽긴 하겠다. 분노와 배신감에 몸이 떨리고 잠을 이룰 수도 없겠지. 사실, 누군가를 용서한다는 게 쉽진 않아. 그렇다고 네 안에 분노만을 가지고 산다면 그것보다 더한 불행이 또 어디 있겠니?

사과의 속살이 보이듯
진심이 담긴 사과,
그런 사과를 통해 너는 전보다
더 나은 너 자신을 만날 수 있다는 걸
잊지 말거라.

티베트가 중국에 점령되자 달라이라마는 인도로 망명해 망명정부를 세웠고, 현재까지 그곳에 머물고 있단다. 그는 티베트 독립을 위해 여러 방면으로 노력했지만 쉽지 않았어. 그런데도 그의 삶의 첫 번째 화두는 '용서'와 '자비'라고 해. 동족의 삶을 짓밟은 중국의 만행을 용서했지.

그 어떤 생물체이든 세상에 존재하는 모든 건 다 연결되어 있어서 누군가에게 좋은 일이 생기면 나에게도 좋은 일이라고 했단다. 이 세상에 존재하는 그 어떤 것도 완벽한 것은 없어서 누군가를 단죄하고 비난할 수 없으며 용서하지 못할 게 없다고도 했지.

그렇다면 누군가의 잘못은 어쩌면 나의 잘못, 내 허물이 될 수도 있으니 나의 잘못을 용서받기 위해서라도 누군가를 향해 가진 분노를 마음에 두어서는 안 되겠다.

"너를 절대 용서할 수 없어"라고 친구에게 말한다면, 친구 또한 "나도 너를 절대 용서할 수 없어"라고 하지 않을까? 참 무서운 말이다. 누군가가 나를 절대 용서할 수 없다며 마음에 분노를 가득 채운 사람이 있다고 생각하면 잠을 못 이룰 것 같아.

톨스토이는 작품 《부활》에서 네홀류도프처럼 용서를 빌어야 한다고 말했지. 네홀류도프는 카츄사에게 지은 죄를 용서받으려고 카츄사의 옥바라지에 나섰고, 그녀가 용서해줄 때까지 어린애처럼 빌고 빌어야 한다며 하나님께 기도했어. 자신의 영혼을 깨끗이 해달라고 말이야. 그는 자신이 악하다는 사실을 인지하고부터 다른 사람들이

혐오스럽지 않았으며 어제와 오늘의 다른 나를 발견했다고 했단다.

어쩌면 네홀류도프의 기도는 젊은 시절 방탕했던 톨스토이가 마음에 빚을 진 사람들에게 용서를 구하는 기도가 아니었을까? 작품《부활》은 그의 인생 고해성사였을지도 몰라.

이 세상 흠이 없는 사람이 얼마나 있을까? 우리도 타인의 실수나 잘못에 좀 너그러워져야 할 것 같아. 스스로에게 면죄부를 주기 위해서라도 말이야.

그러니 네 가까운 사람과 혹여 싸웠다면, 잘못을 따지기 전에 먼저 사과하렴. 그것은 네 자신을 위한 것이라는 사실을 네가 하루빨리 깨닫길 바라. 사과의 속살이 보이듯 진심이 담긴 사과, 그런 사과를 통해 너는 전보다 더 나은 너 자신을 만날 수 있다는 걸 잊지 말아라.

함께 성장하기

물리학의 거장 아인슈타인을 모르는 사람은 그리 많지 않을 거야. 상대성 이론을 비롯해 과학 분야에 큰 업적을 남겼지.

오늘 그에 관한 다큐멘터리 시리즈를 보았는데, 그의 업적과는 다른 면모를 보고 좀 놀랐단다. 이 다큐멘터리가 완전히 사실이라고 믿기 어렵겠지만, 아내와 가족에 대한 그의 태도에 의구심을 갖게 되었어. 특히 밀레바 마리치라는 그의 첫 번째 아내에 대한 궁금증과 안타까움이 뒤섞여 쉽게 생각을 정리하지 못했다.

세르비아 출신인 그의 아내는 선천적으로 '고관절 탈골증'이라는 장애를 가지고 태어났어. 걸음걸이가 자유롭지 못했지. 하지만 피아노, 문학에 뛰어난 건 물론 수학 천재였다고 해. 당시 그녀는 스위스 취리히 연방 공과대학의 유일한 여학생이었을 만큼 꿈과 야망이 컸고 학구열이 높았단다.

그런 그녀와 결혼한 아인슈타인. 그녀로부터 수학 분야에서 많은 도움을 받으며 자신의 물리학적 상상을 체계화했고 학계에서 인정받았어. 하지만 그의 아내 밀레바는 결혼과 동시에 집안일과 육아, 남편의 뒷바라지에 지쳐 남편에 대한 불만이 쌓여갔단다. 그런 밀레바에게 아인슈타인 또한 불만이 늘었다지. 게다가 사촌 누이와의 부적절한 관계를 이어가며 아내 밀레바에게 이혼 요구까지 했다니!

밀레바는 결혼과 더불어 모든 걸 내려놓아야 했지만, 아인슈타인은 연구에 몰두한 결과 노벨 물리학상까지 받았어. 갈수록 명성 있는 과학자로 자리매김했지.

너도 알고 있는 과학자 마리 퀴리는 어땠을까? 그녀는 아인슈타인의 아내 밀레바와는 다른 삶을 살았단다. 그녀 또한 과학자 남편과 결혼했지만, 남편 피에르 퀴리는 끊임없이 아내의 연구를 지지하며 함께 연구를 계속해 나아갔어.

그러던 어느 날, 노벨상위원회는 남편 피에르 퀴리에게 노벨상을 수여한다는 편지를 보냈단다. 하지만 그는 수상을 거절했지. 노벨상을 거절한 이유가 뭐였을까? 그는 '아내와 함께 연구했으므로 아내와 공동수상이 아니면 받을 수 없다'고 했단다. 결국 노벨상위원회는 부부 공동수상을 허락했어. 놀랍지?

마리 퀴리는 남편의 지지와 응원에 힘입어 마침내 1911년, 라듐에 관한 연구로 노벨 물리학상을 받았단다. 여성 최초로 말이다.

두 여성의 삶이 어쩜 이리 달랐을까? 결혼으로 말미암아 자신의 능

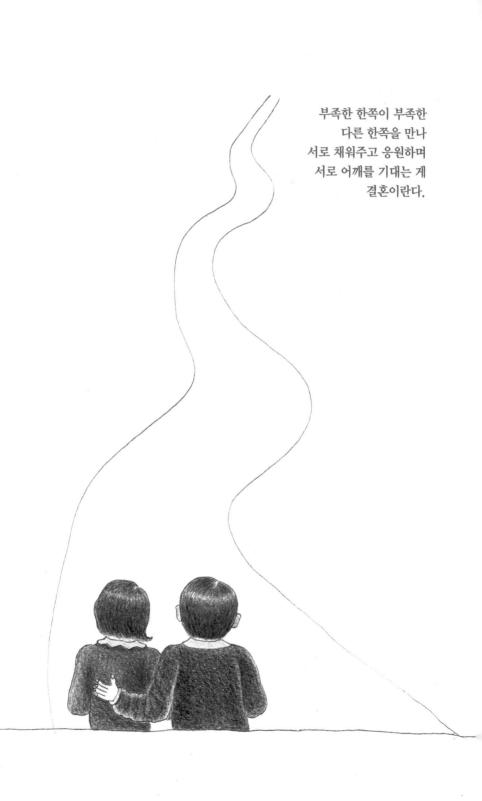

부족한 한쪽이 부족한
다른 한쪽을 만나
서로 채워주고 응원하며
서로 어깨를 기대는 게
결혼이란다.

력을 제대로 발휘하지 못한 밀레바, 남편과 함께 꿈을 이루어 나간 마리. 엄마는 두 여인의 삶을 들여다보며 많은 생각을 하게 되었다.

밀레바가 결혼하지 않았더라면, 아이를 낳지 않았더라면, 여자가 아니었더라면, 하고 싶은 연구를 맘껏 했다면? 그녀의 삶은 어떻게 변했을까?

열정과 꿈을 내려놓고, 집안일과 육아, 남편 시중까지 들어야만 했던 그녀가 겪었을 고뇌와 갈등을 생각하니 한숨이 폭폭 나왔다.

그런 아내의 마음을 아인슈타인이 살피고 돌보며 마리 퀴리의 남편처럼 함께 연구했더라면, 이혼한 밀레바가 생계 수단으로 피아노와 수학 레슨을 하며 죽는 날까지 병이 든 아들을 돌보며 살지는 않았을 텐데…….

아인슈타인의 과학적 업적은 인정하지만, 그가 가족을 돌보지 않은 건 큰 실수였다고 생각해. 특히 아내의 꿈을 깡그리 무시한 채 자신의 야망에만 집중한 이기적인 사람은 결혼하지 말았어야 해.

네가 이기적인 사람이라면 가정을 가져서는 안 된다. 배우자의 능력을 인정하지 않고 존중하지 않는다면, 가정은 순식간에 망가지고 말 거야.

이 세상에 완전한 사람이 어디 있을까. 부족한 한쪽이 부족한 다른 한쪽을 만나 서로 채워주고 응원하며 서로 어깨를 기대는 게 결혼이란다. 그게 온전한 사랑이야. 그런 사랑 안에서는 부부가 무엇이든 할 수 있을 것 같아. 든든한 지원군으로 서로를 존중하며 믿고 의지하면 그 무엇도 두렵지 않을 거야.

네가 하는 일이 어떤 거창한 일일지라도 네가 선택한 한 사람, 가족에 대한 책임을 망각한다면 네가 이룬 모든 것이 빛을 잃게 될 거다.

결혼을 통해 가정을 이루는 일은 어느 한쪽의 희생과 눈물로 이루어지는 게 아니다. 어느 한쪽의 꿈을 이루기 위해 어느 한쪽의 꿈을 접어야 하는 일만큼 슬픈 일이 어디 있을까.

결혼은 멀리 뛰기 위해 도움닫기를 하는 선수의 첫 출발이며, 나의 부족함과 상대의 부족함을 채워 함께 성장하는 파트너십이라는 사실을 늘 마음에 두길 바란다. 그 어떤 열매도 제힘으로만 익을 수 없다는 걸 잊지 말고.

물들인다는 것

여우가 왕자에게 말했어. "길들여달라"고.

생텍쥐페리의《어린 왕자》에 등장하는 여우에 관한 이야기다. 여우의 간절한 바람이 배어 있는 이 부분을 엄마는 좋아해. '길들이다'라는 말은 사람과 사람 사이에 쓰이는 말은 아니지만, 여우의 입장에서 보면 가능한 말이란다.

길들이다! 이 말인즉슨 서로가 서로에게 익숙해지는 것, 그래서 특별한 사이가 되는 것이라고 이해하면 될 거다. 왕자와 특별한 사이가 되고자 했던 여우, 왕자를 몹시 사랑했던 것 같아.

여우의 왕자에 대한 사랑 고백으로 읽히는 대목이지만, 사실 작가 생텍쥐페리의 아내에 대한 사랑 고백이라고 볼 수 있단다.

생텍쥐페리는 엘살바도르 출신의 아내 콘수엘로 순신과 관계가 그리 좋지 않았어. 그는 비행을 너무 좋아해 아내를 늘 불안하게 했거든.

아니나 다를까. 야간비행 중 리비아 사막에 불시착하는 사고를 당했지 뭐야. 사막에서 생사를 넘나들며 그는 아내 생각을 많이 했겠지. 자신의 삶에 대한 반성과 성찰의 시간도 가졌을 테고.

닷새째 되던 날, 그는 사막을 오가던 베두 상인에게 발견되어 살아 돌아올 수 있었단다. 그의 사막 경험은《어린 왕자》집필에 마중물이 되었지.

사막에 불시착한 비행사가 만난 어린 왕자는 자신이 사는 작은 별에 장미 한 그루를 키우고 있었는데, 그 장미는 늘 투정을 부리고 끊임없이 무언가를 요구했다고 해. 그런 장미가 싫어 왕자는 자신의 별을 떠났다고 했지.

그런데 지구별에 내려와 그 장미가 특별하다는 걸 깨달았어. 장미의 투정이 왕자에 대한 사랑이었다는 사실을 깨닫게 된 거야.

그런 왕자에게 여우가 부탁한 거지. 자신을 '길들여달라'고. 서로 특별한 관계가 되어보자고 말이야. '특별한 사이가 되면 상대에 대한 책임감을 가져야 한다'는 사실도 왕자에게 상기시켜주었어. 그 여우는 '관계에는 반드시 책임이 따른다'는 현실적 깨달음을 준 현자였던 거지.

실제로 사막에 사는 페네크라는 여우는 아주 지혜롭단다. 이 여우는 사막에 사는 달팽이를 먹고 사는데, 혼자 있는 달팽이만을 먹는다고 해. 짝짓기를 위해 함께 있는 달팽이를 먹지 않는 건 미래 식량을 위해서라니, 참 현명하지?

그런 여우의 가르침 덕분에 왕자는 자신의 별에 두고 온 장미를 그리워하게 되었고, 비로소 자신의 별에 돌아가기로 결심한 거야.

생텍쥐페리는 아내와 다툼이 잦았다고 해. 남편을 두 번씩이나 잃은 아내 콘수엘로 순신은 유난히 모험 비행을 좋아하는 생텍쥐페리에게 잔소리를 많이 했던 것 같아. 이미 남편을 둘이나 잃은 그녀는 세 번째 남편까지 잃게 될까 봐 노심초사했던 거지.

그런 아내의 마음도 모르고 생텍쥐페리는 아내를 탓하며 별거까지 하게 되었단다. 그러다 그만 리비아 사막에 불시착하는 사고를 당한 거야. 살아 돌아가면 다시는 아내의 마음을 아프게 하지 않고 끝까지 보살피며 사랑하겠다고 다짐했을 거야.

마침내 그 마음을 《어린 왕자》에 담아낸 거란다. 그런 만큼 이 작품은 생텍쥐페리의 지난 삶에 대한 반성과 성찰, 철학적 사유에 이르기까지 그의 총체적 삶이 녹아 있다고 해도 과언이 아닐 거다.

왕자에게 '길들여달라'고 했던 여우 이야기를 하다가 그만 말이 길어졌구나.

왕자와 특별한 사이가 되자고 했던 여우, 밀밭을 보면 왕자의 황금빛 머리카락이 떠오르고, 왕자와의 약속 시간이 되면 미리 준비하며 기다린다고 했지. 여우가 왕자를 생각하듯 가까운 사이가 되어 오랜 시간을 함께했다면, 그와 관계된 모든 것이 특별하게 된다는 거란다.

서로 함께한 시간 안에는, 울고 웃었을 다양한 이야기와 추억이 쌓여 있겠지? 쉽게 빠져나가지 않는 봉숭아꽃물처럼 물이 들어서 말이다.

물이 든다는 것, 서로의 삶에 풍등 하나씩 걸어두는 게 아닐까 싶어.

물이 든다는 것,
서로의 삶에 풍등 하나씩
걸어두는 게 아닐까 싶어.

아버지가 말씀하셨지

그물을 손질하고 있는 아들에게 아버지가 말씀하셨지.
"야야, 그물을 촘촘히 짜지 말그라."

네가 억압받지 않고 자유롭게 살 수 있기를 바라는 마음에서란다.

넌 괜찮을까?

엄마는 곤충박물관이나 동물원에 가는 걸 좋아하지 않는다. 핀에
고정되어 있는 곤충들이 이렇게 속삭이는 것 같거든.

'너도 핀에 꽂혀봐.'

나비와 잠자리, 다양한 곤충이 표본이 되어 삶을 마감했지. 그뿐 아
니야. 온갖 수중 생물, 동물이 어항이나 우리에 갇혀 조명 아래 제한
적인 삶을 이어가기도 하지.

여름 한낮, 더위를 못 이겨 힘들어하던 북극곰이 관리사가 던져준
얼음덩이에 얼굴을 부비며 땡볕 아래 앉아 먼 산을 바라보고 있었어.
덩치가 몹시 컸던 그 북극곰을 나는 잊을 수가 없다.

생명이 보호받고 존중되어야 한다는 건 꼭 박물관이나 동물원에 갇
힌 생명들에 국한된 것만은 아닐 거야.

엄마는 공자의 《논어》에 나오는 '수오지심(羞惡之心)'이라는 말이 참

좋더라. '부끄러움을 알라'는 뜻이지. 수치심을 안다는 건 자신의 잘못을 안다는 것이란다. 그런 마음을 가질 수 있다면 타인을 괴롭히는 해악을 저지를 수 없을 거야.

네가 네 강아지를 아끼고 사랑한다고 했을 때, 강아지가 인간과 별반 다르지 않다고 얘기했을 때, 엄마는 참 흐뭇했다. 세상에 존재하는 모든 생명체가 온전히 보호받으며 살았으면 좋겠구나.

생명 있는 것들을 가볍게 여기고 살생하는 것은 네 삶 또한 보호받을 수 없다는 것을 의미해. 그러니 생명 있는 것들의 삶을 살펴야 한다. 친구를 괴롭혀 외톨이를 만든 적은 없는지, 누군가의 마음을 아프게 한 적은 없는지 찬찬히 헤아리며 살피도록 하렴.

쓸모없는 것이 얼마나 될까?

천연화장품을 만들어 팔던 단골 가게가 문을 닫는 날이었다. 가게 주인이 전화를 걸어왔다. 원가에 내놓은 물건을 단골에게 먼저 주고 싶어 전화한 모양이었어.

가겟세도 몇 달째 내지 못했다고 했지. 삼십 년 넘게 가게를 해왔지만, 요즘 같은 일은 처음 겪는다고 하더니 결국 문을 닫는가 싶어 마음이 신산했다.

가게에 도착해보니 크고 작은 빈 용기들이 주인의 한숨만큼 쓰레기통에 가득했단다. 쓸모가 없게 되었다는 주인의 말을 무시한 채 나는 그것들을 꽤 많이 주워 집으로 돌아왔지.

용기에 물을 채운 뒤 뜰에 있는 망초, 강아지풀, 달개비 등 다양한 풀잎을 꽂아두니 이 세상 그 무엇도 부럽지 않을 만큼 마음 부자가 되었단다.

마음이 들떠 사진도 찍어두고 사랑스러워 스케치도 해두었다. 그
것들이 화장품 용기라고 생각했는데 꽃과 잎을 꽂아두니 화병이 된
거다.

크고 작은 화병들이 얼굴을 맞대고 오순도순 얘기를 나누는 것 같
아 마음이 저릿저릿, 흐뭇했다. 녀석들이 대견해 찍어둔 사진을 가게
주인에게 보냈단다. 버릴 때 마음이 짠했는데 마음이 놓인다고 하더
구나.

집 안 구석구석에 놓고도 남은 용기들은 동네 작은 꽃집과 책방, 빵
집에 나누어주었다. 그것들이 놓인 모든 장소가 향기롭고 환했다.

아버지의 마음

한겨울, 찬바람 쌩쌩 부는 날이면 골목 어귀에서 드럼통에 고구마를 굽던 아저씨를 잊을 수가 없다. 어디 그뿐일까. 부드럽고 달콤한 팥 앙금을 넣어 찍어낸 붕어빵은 언제 먹어도 물리지 않았어. 마음까지 달달해져 우울한 기분을 날려 보내곤 했지. 장작불에 갓 구워낸 군고구마는 어떻고! 북극곰이 그 맛을 한 번 봤다면 고향에 가지 않겠다고 떼를 쓸 만큼 맛있었단다.

아버지는 퇴근길에 그것들을 자주 사 오셨어. 우리 형제들은 아버지를 기다리는 게 아니라 아버지가 들고 오신 그 따뜻한 음식을 기다리는 것 같았고. 저녁상을 차리던 엄마는 애들이 밥을 잘 먹지 않는다며 투덜대셨지. 그렇게 맛난 것을 사 들고 오시던 아버지는 자식들에게 인기가 많았다.

"아예 장사를 하시구랴."

애들 버릇을 잘못 들인 데다 살림까지 거덜나겠다며 엄마가 목소리를 높이셨던 날이면 집안 분위기가 좀 싸늘했다.

그날도 아버지는 군고구마 봉지를 들고 오셨는데, 우리 여섯 남매는 엄마의 표정을 살피며 숨을 죽이고 있었어.

"아직 따끈하구나."

군고구마 봉지를 언니에게 건네며 아버지가 말씀하셨어.

"바깥 날씨가 엄청 춥다."

아버지는 손을 호호 불어가며 애써 엄마의 눈을 피하시는 것 같았지.

"그래서 장작불 쬐고 오신 거유? 집보다 더 좋습디까?"

엄마의 깔깔한 목소리에 우리 형제들은 하나같이 밥을 폭폭 떠 목구멍에 쑤셔 넣었어. 그렇게라도 하지 않으면 엄마의 목소리는 담을 넘었을 테고, 이웃들이 토끼 귀를 하고 엿들을 것 같았거든. 그 무엇보다 아버지가 조금은 덜 난처해질 것 같았지.

"왜, 대답을 안 허요? 계속 사 오실랍니까?"

엄마의 지청구가 계속되자 아버지가 툭 한마디 던지셨다.

"그 사람도 가장이야."

가장이 뭔지도 모르던 나는 숟가락을 든 채 엄마의 얼굴을 빤히 쳐다보았어. 다른 형제들도 그랬고.

엄마는 더 이상 아무 말도 하지 않았고, 뚝배기를 아버지 앞으로 옮겨 놓으셨단다. 나는 아버지의 그 말이 무슨 뜻인지 완전히 이해할 수 없었지만, 군고구마 장수가 먹고살려고 고구마와 붕어빵을 팔고 있다는 것 정도는 알던 나이였다.

그 일이 있고 난 후에도 아버지는 자주 군고구마와 붕어빵을 사 오셨지만, 엄마는 더 이상 잔소리를 하지 않으셨다. 알 수 없는 평화 속에서 우리 형제들은 겨우내 군고구마와 붕어빵을 먹으며 동실동실 살이 쪘고, 붕어를 닮은 동그란 입으로 재잘거리며 겨울을 보냈단다.

아버지는 한 집안의 가장이 되어 가장의 마음을 이해하고 그를 돕고 싶은 마음이 가득하셨던 거지. 당신의 아이들을 생각하며 그의 식솔들을 생각했을 아버지의 마음.

골목길에서 겨울을 알리며 붕어빵과 군고구마를 굽기 시작하면, 내 어린 날의 아버지가 떠올라 군고구마 드럼통 옆에서 걸음을 멈추게 된다. 군고구마 장사의 하루 매출을 가늠해보면서 말이다.

너도 추운 겨울에 골목에 나와 군고구마를 굽거나 붕어빵을 파는 뉘 집 가장을 만난다면, 그냥 지나치지 말아라. 네가 그 군고구마와 붕어빵이 담긴 봉투를 품에 안는 순간, 장작불의 온기만큼 네 가슴이 따뜻해질 거야.

안도현 시인이 그러더라.

연탄재 함부로 발로 차지 마라
너는 누구에게 한번이라도
뜨거운 사람이었느냐

너도 추운 겨울에 골목에 나와 군고구마를 굽거나
붕어빵을 파는 뉘 집 가장을 만난다면 그냥 지나치지 말아라.
네가 그 군고구마와 붕어빵이 담긴 봉투를 품에 안는 순간,
장작불의 온기만큼 네 가슴이 따뜻해질 거야.

등이 굽은 대못 하나

오래전 일이다. 할아버지가 집을 장만하신 날, 할머니는 나무 문패 아래 커다란 대못 하나를 쾅쾅 박은 뒤 양철 화분 하나를 걸어두셨다.

나는 그 대못을 잊을 수가 없어. 녹이 슬고 조금 휘어진 그 대못은 여덟 식구를 건사하느라 등이 굽어 겨우 버텨내신 내 아버지 같았거든. 그 집은 가족 모두에게 특별했단다.

어느 날 학교에서 돌아오니 소파, 냉장고, 심지어 장롱에까지 온통 빨간딱지가 붙어 있었지. 법원이 집안의 모든 가전 제품과 가구를 압류한다는 거였어. 정해진 날짜에 아버지가 빚을 갚지 않으면 집안의 모든 것을 가져간다는 알림장 같은 것이라며 할머니는 우셨고.

할아버지가 빚보증을 잘못 서는 바람에 집이 풍비박산이 난 거란다. 결국 할아버지는 살고 있던 집을 팔아 빚을 갚았고, 그때부터 우리 여덟 식구의 셋방살이가 시작되었지. 평온하던 집안 풍경이 달라졌단다.

할머니는 가계부를 쓰기 시작했고, 모든 걸 아껴야 한다고 늘 강조하셨지. 가끔 옆집 아줌마가 가져다준 봉제 인형에 눈을 붙이고 머리핀에 구슬을 붙이기도 하셨는데, 우리 형제들은 학교가 쉬는 날이면 할머니 곁에 빙 둘러앉아 그 일을 도우며 즐거워했단다. 그런 우리에게 할아버지는 늘 미안해하셨지.

그렇게 몇 해가 지나고 할아버지는 방이 다섯 개, 다락방과 옥상이 있는 양옥집을 장만하셨다. 우리 형제들은 뛸 듯이 기뻐했고. 할머니가 제일 좋아하셨지. 할아버지는 전당포에 맡겨 두었던 할머니의 은가락지 두 개도 찾아와 손에 끼워주셨다. 할머니의 그 환한 미소, 세상의 모든 빛이 그 순간만큼은 할머니의 얼굴에 쏟아지는 것 같았어.

친구의 부탁을 거절하지 못해 빚보증을 서주었던 한 집안의 가장이 친구에게 배신당해 가정은 엉망이 되었다. 평온하던 일상은 난파선처럼 거친 풍랑에 흔들렸고, 가족 모두 심한 뱃멀미를 해야만 했다.

가장의 선택은 가장만의 것이 아니었어. 할아버지는 중요한 선택 앞에서 좀 더 신중하셨어야 해. 친구를 먼저 생각하기 전, 가족의 삶도 생각했어야 했지.

누구나 선택 앞에서 자유로울 수 없겠지만, 중요한 선택 앞에서는 신중 또 신중해야 한다. 게다가 네가 한 가정의 가장이 되었다면 더욱 그래. 옳다고 선택했던 일이 잘못되었을 때, 파장은 엄청나니까.

할아버지도 그리될 것을 생각하고 친구의 빚보증을 서진 않았겠지만, 두고두고 후회를 많이 하셨다.

순간의 선택 앞에서 네가 좀 더 신중하길 바라며 이 이야기를 들려주는 거야. 절대 빚보증은 서지 말아라.

박목월 시인의 〈가정〉이라는 시를 할아버지가 미리 좀 읽어보셨다면 빚보증 서는 일은 하지 않으셨을 텐데.

지상에는
아홉 켤레의 신발.
아니 현관에는, 아니 들깐에는
아니 어느 시인의 가정에는
알전등이 켜질 무렵을
문수가 다른 아홉 켤레의 신발을.

내 신발은
십구 문 반
눈과 얼음의 길을 걸어,
그들 옆에 벗으면
육 문 삼의 코가 납작한
귀염둥아 귀염둥아
우리 막내둥아.

미소하는
내 얼굴을 보아라.
얼음과 눈으로 벽을 짜 올린
여기는
지상.
연민한 삶의 길이여.
내 신발은 십구 문 반

아랫목에 모인
아홉 마리의 강아지야.
강아지 같은 것들아.
굴욕과 굶주림과 추운 길을 걸어
내가 왔다.
아버지가 왔다.
아니 십구 문 반의 신발이 왔다.
아니 지상에는
아버지라는 어설픈 것이
존재한다.
미소하는
내 얼굴을 보아라.

171

엄마는 가끔 이런 꿈을 꾼다

어느 햇살이 따사로운 가을 오후, 천변을 산책하고 있던 중이었다. 흰머리가 성한 노인과 함께 산책을 나온 남자를 보았어. 아들과 엄마가 아니었을까? 한 손에 지팡이를 짚고 한 손으로 아들의 허리춤을 꼭 잡은 노인의 환한 표정을 보며 아들임이 틀림없다고 단정해버렸다. 아들은 한쪽 팔에 엄마의 것일 법한 작은 가방을 걸고 엄마의 등에 손을 살포시 얹고 조심조심 노인의 걸음을 살폈단다. 아무리 보아도 질리지 않을 것 같은 그 모습을 나는 한참 바라보았다.

그 흔치 않은 장면을 네게 얘기했던 날, 네가 말했지.

"엄마를 양로원에 모시고 가는 길 아니었을까?"

너의 유머에 함께 웃었지만, 속으로 좀 서운했다. 이다음 네가 친절을 가장해 산책하자며 날 양로원에 데리고 갈 수도 있겠구나, 생각하며 쓸쓸하게 웃었지.

나이가 드는 건 아주 자연스러운 것이고 그 누구도 피해 갈 수 없는 것이라지만, 하루하루 병치레로 병원문을 드나들며 누군가에게 의지해 살아가야 한다는 건 여간 쓸쓸하고 서글픈 일이 아닐 거야.

불치의 병에 걸려 더 이상 치료 방법이 없다는 진단을 받은 일흔두 살의 영국 여인이 자신과 관계된 모든 걸 정리한 뒤 안락사를 선택하기까지의 과정을 담은 다큐멘터리를 보았다. 아들과 딸이 엄마의 선택을 존중해주었고, 떠나는 엄마의 마지막을 곁에서 지켜보았단다. 암 말기 판정을 받은 구십 넘은 영국의 어떤 학자 또한 자식, 손자 들과 스위스에서의 여행을 마지막으로 안락사를 택했다는 해외 뉴스도 보았다.

자신의 의지로 살 수 없고, 누군가의 도움으로 하루하루 생을 이어가야 할 때, 육체적 고통으로 삶이 완전히 망가졌다고 생각했을 때, 죽음을 스스로 선택할 수 있다면 얼마나 좋을까 하는 생각을 하게 되었다.

너의 세대는 엄마 세대의 생각과는 좀 다를 거다. 치매에 걸리거나 여타 질병을 가지고 집에서 가족과 함께 산다는 건 전설적인 이야기나 영화적 서사 정도로 만날 수 있지 않을까?

엄마의 손가방을 팔에 걸고 나란히 산책하는 아들을 기다리는 건 이 세상 모든 엄마의 바람일지도 모르겠다. 네 유머처럼 설령 그 아들이 엄마를 양로원에 모시고 가는 길이었다고 할지언정 나 또한 햇살 따스한 어느 날, 네 손을 잡고 온종일 산책을 하고 싶은 마음을 숨길 수가 없구나. 설령 그 길이 시설을 향하는 길이라 할지라도 말이다.

그 어느 날, 엄마가 이상한 행동을 하거나 너를 알아보지 못했을 때 끝까지 함께 살겠다고 우기지 말아라.

불치병에 걸려 안락사를 원하거든 그 바람을 저버리지 말고, 시설의 도움이 필요하거든 망설이지 말아라.

너와의 소중한 추억이 이따금 떠올라 너를 찾거든, 햇살 좋은 어느 가을날 찾아와 엄마의 손을 잡고 반나절 함께 걸어준다면 더 이상 바랄 게 없을 거다.

엄마는 그 시간을 애타게 기다리며, 네가 오는 길목에서 온종일 서성거릴지도 몰라.

너와의 소중한 추억이 이따금 떠올라 너를 찾거든,
햇살 좋은 어느 가을날 찾아와 엄마의 손을 잡고
반나절 함께 걸어준다면 더 이상 바랄 게 없을 거다.

너무 오래 기다리게 하지 말아라

남해를 여행하던 중 혼자 사는 할머니 집에 머물렀단다. 그 집 할머니, 정이 참 많은 분이셨지. 텃밭에서 거둬들인 고추를 마당에 말리며 호박 꽂이도 채반에 널어두셨더라. 그뿐 아니야. 감도 깎아 실에 꿰어 걸어두셨고, 마루 밑에는 누런 호박덩이가 네댓 개 놓여 있었을 거야. 참으로 정겨웠단다. 나의 할머니도 그러셨거든.

논과 밭에서 들여온 온갖 작물이 손자들을 기다렸지. 할머니는 쉴 새 없이 앞뜰과 뒤뜰을 오가며 씨를 뿌리고 가꾸어 가을걷이를 하셨다. 껍질을 깎아 매달아둔 감은 곶감이 되기도 전에 손자들 간식거리가 되었고.

남해의 시골 마을 할머니도 그러셨다. 여섯 남매를 두었는데, 모두 결혼해 도시생활을 한다고 하셨지. 혼자 사는데 웬 고추를 그리 많이 말리시느냐고 묻자, 모두 자식들에게 보낼 것이라 하시더라.

볕의 기울기에 따라 멍석을 옮겨가며 고추를 말리셨는데, 가을 햇살이 할머니와 숨바꼭질하는 것 같았다. 아마 늦가을 짧아진 해를 잡아두고 고추를 말리고 싶으셨을 거다. 해가 짧다 짧다 하시며 안타까워하셨거든. 그런 할머니 마음을 몰라주는 것 같아 오후 햇살이 좀 야속했다.

무릎 관절이 닳아 지팡이에 의지해 앉고 서기를 반복하시던데, 애써 농사지은 것들을 말리며 손질해 자식들에게 나누어주고 싶은 마음이 한 가득이신 것 같았어.

어느 해인가, 추석이 며칠 지난 날이었다. 쓰레기장에 흰 자루 하나가 놓여 있었다. 자루를 열어보니 누런 메주콩이더구나. 순간, 심장이 쿵 바닥으로 떨어지는 것 같았다.

때마침 그곳을 청소하러 오신 아주머니 두 분이 자루 안을 들여다보며 혀를 끌끌 차더구나.

"명절 후면 이런 것들이 많이 나와요. 콩 농사 참 잘 지으셨네!"

명절 음식은 물론 다양한 먹을거리가 쓰레기통에 버려진다고 해. 익숙한 광경이라고 했어. 속이 다 썩어 폭삭 주저앉은 나무 한 그루를 본 것 같았다. 마음이 헛헛해 '잔인하다'는 말이 머릿속에서 떠나지 않았다.

명절에 시댁에 갔다 시어머니가 싸준 음식을 고속도로 휴게소 쓰레기통에 버리고 갔던 며느리가 있었다고 해. 며느리는 시어머니 전화를 받고 휴게소에 돌아가 쓰레기통을 뒤졌다는데, 무슨 전화를 받았기에 그랬을까? "애야, 얼마 안 되지만 보따리 안에 봉투 하나 넣었으니 집에 가 꺼내보아라" 하셨다는구나.

남해 할머니의 자식들은 그러지 않을 거야. 노구를 지팡이에 의지해 땅을 일구고 가꾸어 거두어들인 것을 벽에 매달고 채반에 말리며 뒤집기를 반복하던 손길. 그것들이 마르기를 기다리며, 할머니는 가끔 문밖을 살피곤 하셨다.

"엄마, 저 왔어요!"

육 남매 중 누구라도 불쑥 찾아오지 않을까 하는 바람이 가득하셨을 거다. 찬바람이 불고 겨울이 오기 전, 할머니의 자식들이 다녀가야 할 텐데.

엄마도 할머니와 이별하기 전 좀 더 자주 뵈러 가야겠다고 남해 할머니를 보며 다짐했다. 할머니가 동구 밖을 오래 서성거리지 않으시게 말이다.

엄마도 할머니와 이별하기 전 좀 더 자주 뵈러
가야겠다고 남해 할머니를 보며 다짐했다.
할머니가 동구 밖을
오래 서성거리지 않으시게 말이다.

달은 채우기도 하지만 덜어내기도 하지

초등학교에 들어가기 전, 휘영청 달이 밝은 여름 저녁이었어. '타다 닥 타다닥' 마당에서 타고 있던 모깃불 소리에 놀라 잠을 이루지 못 했는데, 할머니는 내게 무릎베개를 내어주며 옥토끼 얘기를 들려주 셨다.

달에는 계수나무 아래 두 마리 토끼가 살고 있었대. 사이좋게 쿵덕 쿵 쿵덕쿵 방아를 찧어 떡을 만들어서 달님에게 매일 인사하는 아이 에게 옛다, 하고 떡을 던져주었다지. 나는 토끼가 줄 떡을 받으려고 달님에게 인사를 하곤 했는데, 토끼는 좀체 떡 줄 생각은 않고 점점 작아져 어느 날 사라지곤 했단다.

할머니는 '달이 작아지는 건 토끼가 배고픈 아이들에게 떡을 모두 나누어주었기 때문'이라고 하셨지. 나는 그 말을 찰떡같이 믿었고.

할머니는 보름달이 뜨면 "오늘은 굶고 자는 애들이 한 명도 없는 거야. 달도 좋아서 저리 웃는 거 봐라!' 하며 좋아하셨지.

배를 곯는 아이가 많았던 시절이었거든. 할머니는 보름달이 참 좋다고 하셨단다. 그날만큼은 밥을 굶는 아이들이 없는 날이라고 하시면서 말이다. 유독 가난한 사람들에 대한 연민이 가득한 분이셨지.

아침이면 마당에 멍석을 깔아두고 보따리 장사와 걸인에게 밥과 국을 내어주신 것만 봐도 그래. 오래전에 돌아가셨지만 나는 지금도 그런 할머니가 항상 달과 함께 계신다고 믿고 있어. 달을 볼 때마다 할머니와 옥토끼의 떡방아, 끼니를 굶는 아이들이 생각나.

얼마 전 김형석 교수가 100세가 되며 펴낸《유일한 평전》을 읽게 되었다. 나라를 위해 큰일을 하라며 유일한 박사의 아버지는 아홉 살 난 아들을 미국으로 보냈다고 해. 아홉 살짜리를 남의 손에 맡겨 미국으로 보낸 아버지와 그 아버지의 뜻에 따라 한 달간 배를 타고 미국으로 건너간 아들. 둘 다 평범한 분은 아니었지, 아마.

초등학교 이학년짜리가 부모를 떠나 타국에서 생활한다는 게 어디 쉬운 일일까. 고생하며 고등학교를 졸업한 유일한 박사는 숙주 장사를 시작으로 돈을 모아 대학 공부도 마쳤고, 조국을 위한 일을 해야겠다는 생각을 굳힌 후 귀국했단다.

의약품 생산을 시작으로 학교를 세우고 가난한 학생들에게 무료 기술교육을 시켰지. 더 놀라운 것은 대학교육을 마친 자신의 자식들은 자립해 살 수 있다며 소유한 모든 재산을 사회에 돌려주었단다.

톨스토이는 자신의 작품 중《참회록》이전의 모든 작품을 사회에

환원했어. 그걸 안 아내 소피아와의 불화로 팔순이 넘은 나이에 가출까지 했지만 말이다.

그의 작품을 보면《참회록》이전과 이후의 작품의 결이 많이 달라.《참회록》이후 작품은 기독교적 색채가 짙거든. 그는 젊은 날의 방탕했던 삶을 참회하며 죽는 날까지 가난한 사람들의 삶을 헤아렸지.

네가 늘 가까이 두고 읽던《톨스토이 단편선》에도 '사람은 무엇으로 살며, 어떻게 살아야 하는가?'에 대한 톨스토이식 물음과 답이 잘 드러나 있단다.

너는 어떠니? 일곱 살에 시작한 기부는 지금도 계속하고 있는 거지? 네 마음이 네 자식들에게도 그대로 이어지길 바란다.

달을 볼 때마다, 할머니가 들려주셨던 옥토끼의 떡방아 비밀이 생각나곤 해. 배를 곯아 잠을 이루지 못한 아이들에게 주려고 밤마다 떡방아를 찧는다는 옥토끼. 그 토끼들이 하루라고 쉴 수 있다면 좋으련만.

채우고 비우기를 반복하는 달처럼 우리 마음을 옥토끼가 사는 계수나무 아래 걸어두기로 하자.

채우고 비우기를 반복하는 달처럼
우리 마음을 옥토끼가 사는
계수나무 아래 걸어두기로 하자.

마중물

　수도시설이 있기 전, '펌프'를 사용하던 때가 있었단다. 펌프질하려면 반드시 한 바가지 정도의 물을 부어야 새로운 물을 얻을 수가 있었지.

　지하에 갇혀 있던 물을 밖으로 끌어내 빛을 보게 하는 이 물을 '마중물'이라고 해. 마중물이 없다면 물을 얻을 수가 없단다. 그러니 마중물이 얼마나 중요한지 몰라.

　한 바가지의 물이 지하에 갇혀 있던 물을 밖으로 끌어낸 것처럼 너도 누군가의 손을 잡아주렴.

　엄마는 맨발에 양동이를 머리에 이고 서너 시간을 걸어 식수를 길어 나르는 아프리카의 열 살 난 소녀를 본 적이 있다. 입고 먹을 것은 커녕 먹을 물조차 허락받지 못한 아이들이 이 세상에 얼마나 많은가를 확인한 순간이었다.

어디 그뿐일까. 전쟁으로 폐허가 된 거리에서 쓰레기통을 뒤지며 목숨을 이어가는 아이들도 있지. 고통의 무게를 헤아릴 수 없을 만큼 슬픔 속에 갇혀 사는 아이들, 네가 그런 아이들의 아픔과 어두운 현실을 외면하지 않길 바라.

네가 건네는 한 바가지의 물이 누군가에게는 생명을 살리는 물이 될 수 있다는 걸 잊지 말고. 마중물처럼 다가가렴.

지하철 스크린도어 닦는 일을 하다 열차에 치여 세상을 떠난 열아홉 청년에 관한 기사를 읽었다. 열악한 작업환경에서 일하던 청년의 가방에서 유품으로 나온 컵라면 하나, 청년의 점심 한 끼였다고 해.

청년이 좀 더 조심했더라면 그런 사고는 없었을 것이라고 했던 사고 책임자의 말을 듣고 가슴에 메워지지 않을 구멍 하나가 뚫리는 것 같았다.

엄마는 네가 누군가의 아픔을 마주했을 때 고개를 돌리지 않는 사람, 누군가의 가슴에 대못을 쾅쾅 박는 잔인한 짓은 절대 하지 않는 사람이길 바라.

신호등 앞에서 기다리는 이유

신호등 앞에서 파란불이 켜지기를 기다리는 한 청년이 있었어. 대학입시에 실패했을까? 취업이 안되었나? 여자친구와 싸웠나? 청년의 표정이 몹시 우울해 보였단다. 바지 주머니에 두 손을 콕 집어넣고 신호등 앞에 서 있던 청년이 남의 아이 같지 않아 한참을 바라보았다.

파란불이 켜지자 그 청년은 횡단보도를 총총히 건넜어. 순간, 청년의 얼굴에서 그 어떤 결기를 보았지. 무언가를 새로 시작하려는 다짐 같은 것 말이다.

신호등 앞에서 파란불이 켜지기를 기다렸다가 길을 건너는 사람들을 볼 때마다 새롭다. 빨간불 앞에서 멈추어야 한다는 것을 알고 파란불 앞에서 앞으로 나아가야 한다는 걸 아는 사람들이야. 그들 틈에 너도 서 있겠지.

빨간불을 만나거든 멈추고 파란불을 기다리며 숨을 고르거라. 네가

186

하고자 하는 일들이 어긋나지 않고 척척 돌아가준다면 무슨 걱정이 있을까. 산다는 게 그리 만만치 않거든.

　어쩌면 삶에는 빨간불에 멈춰 파란불을 기다려야 하는 시간이 더 많을지도 몰라. 하지만 빨간불 앞에서는 조급해하지 말고 파란불이 들어오기를 차분히 기다려야 한다.

너 참 세다

마침내 엄마 품을 떠나려고 날개를 활짝 편 아기 민들레들을 보고 엄마 민들레가 말했어.

"애들아, 모두 마음에 둔 곳이 있겠지? 안전한 곳을 향해 힘껏 날아야 한다. 그래야 엄마는 마음이 좀 놓일 것 같아."

"엄마, 걱정 마세요. 우리는 안전한 곳으로 날아갈 거예요."

"정신을 똑바로 차리고. 좋은 터가 보이면 얼른 내려앉아야 해."

"나는 햇볕이 잘 드는 부잣집 정원에 살고 싶어."

"나는 공원에 있는 의자 옆에 뿌리를 내릴 거야."

"나는 어디든 상관없어."

아기 민들레들은 가고 싶은 곳을 맘껏 상상하며 날아갔어.

소원대로 첫째는 햇볕이 잘 드는 부잣집 잔디 정원에 자리를 잡았고, 둘째는 공원 의자 옆에 자리를 잡았어. 그런데 어쩐다! 셋째는 깨

척박한 환경을 마다하지 않고 모습을 드러낸
여리고 약한 것들, 얼마나 힘이 세냐!

진 시멘트 틈새에 내려앉고 말았지.

셋째는 정신을 바짝 차리고 주위를 둘러보았어. 너무 어두워 아무 것도 보이지 않았지. 몸을 좀 움직여 아래로 발을 뻗어보니 딱딱하고 까칠한 시멘트 부스러기가 발에 닿았어.

'그리 나쁘지 않아. 엄마 집도 편안한 곳은 아니었는데, 뭘. 담장 밑에 뿌리를 내린 엄마는 허리를 펴지도 못 하고 사셨지. 여긴 좀 어둡고 비좁긴 해도 괜찮은 것 같아.'

셋째는 몸을 웅크리고 누웠어. 다리를 쭉 뻗을 수 없었지만, 가끔 비가 내렸고 바람도 조금씩 불어왔어.

'바닷가 모래사장에 떨어졌다면 어쩔 뻔했어. 시궁창에 떨어졌거나 쥐구멍에 떨어져 쥐 밥이 되었다면? 휴, 다행이야!'

그렇게 생각하니 고약한 시궁창 냄새도 시끄러운 자동차 소리도 딱딱한 시멘트 바닥도 그리 나쁘지 않았어.

"모든 건 완벽해. 이제 집중해야 해."

셋째는 영차영차 힘을 내었어. 갈라진 시멘트 틈 사이에 뿌리를 내리고 쑥쑥 잎을 밀어 올렸지.

하루가 지나고 이틀이 지나고……. 그러던 어느 날 마침내 셋째는 서너 송이 꽃을 피웠지, 뭐야.

지나가던 사람들이 말했지.

"야! 어떻게 이런 곳에 뿌리를 내렸을까! 정말 대단해!"

셋째는 가슴이 벅차 이렇게 소리쳤어.

"어디서든 꽃을 피우면 그만인걸요!"

길을 걷다 갈라진 시멘트 틈새에 뿌리를 내리고 꽃을 피운 민들레를 보고 놀랐단다. 어디 그뿐이랴. 틈새를 비집고 올라온 새싹도 보았지.

척박한 환경을 마다하지 않고 모습을 드러낸 여리고 약한 것들, 얼마나 힘이 세냐!

존재하는 것들에는 그림자가 있다

비탈에 선 나무 한 그루가 있었어. 나무는 세상에서 제일 불쌍한 나무는 자기라며 늘 기도했지.

"하느님, 저는 곧 쓰러질 것 같아요. 제발 자리를 옮겨주세요."

그러자 하느님이 말했어.

"세상에 존재하는 모든 것은 그림자가 있단다. 그나마 네가 살아갈 수 있었던 건 네 그림자 덕이야. 그림자가 널 붙들어줄 테니 제발 투덜대지 말아라."

볼 수도, 들을 수도 말할 수도 없었던 헬렌 켈러는 끊임없이 배우고 글을 쓰며 삶을 치열하게 살았다.

그녀가 쓴 《사흘만 볼 수 있다면》이라는 에세이가 있어. 그녀는 자신에게 사흘 볼 수 있는 시간이 주어진다면, 제일 먼저 스승과 가족,

비탈에 선 나무처럼 투덜대지 않으려고 해.
어디서든 날 붙들어줄 내 그림자를 믿고 주어진 내 삶에 집중 하련다.
너도 꼭 그러자.

친구, 늘 곁에 있어준 두 마리 개를 보고 숲을 산책하며 새소리와 꽃
향기 속에서 저녁노을을 원 없이 바라보고 싶다고 했지.

둘째 날은 새벽에 일찍 일어나 밤이 낮으로 바뀌는 기적을 바라보
며 박물관과 예술관을 방문해 연극과 영화를 보고, 마지막 날에는 눈
에 들어오는 모든 것을 소중히 여길 것이라고 했단다.

그녀는 우리에게 앞이 보이지 않을 사람처럼 눈을 사용하고, 귀가
들리지 않을 사람처럼 음악과 자연의 소리에 귀 기울이며, 후각과 미
각을 잃을 사람처럼 꽃향기를 맡고 음식 맛을 보라고 했지. 우리에게
평범한 일상이 그녀에게는 절대 절명의 것이었어.

만일 너에게 사흘의 삶이 주어진다면?

'어떡하지? 어떡하지? 고작 사흘이라니, 뭘 하지?'

아마 놀라서 허둥대다 아무것도 하지 못하고 사흘을 보내지 않을
까? 아마 엄마도 그럴지 몰라.

하지만 이제부터 오늘이 어제 같고 내일이 오늘 같은 그런 하루는
보내지 않으련다. 비탈에 선 나무처럼 투덜대지 않으려고 해. 어디서
든 날 붙들어줄 내 그림자를 믿고 주어진 내 삶에 집중하련다.

너도 꼭 그러자.

떨어진 게 아니라 내려앉은 거야

어느 가을날, 산책 중이었다. 붉은 물이 남은 단풍잎 몇 장이 떨어져 있었지. 흙에 묻히기엔 아직 일렀는데, 그만큼 여전히 고왔단다.

단풍잎 한 장을 집어 드는데, 단풍잎이 이렇게 말하는 것 같았어.

"난 떨어진 게 아니라 내려앉은 거야."

순간 놀랐다. 단풍잎이 내려앉았다고 생각해본 적이 없었거든. 스스로 내려앉았다고 생각하는 단풍잎이라니! 단풍잎은 넉넉해 보였고 한 없이 편안해 보였어. 스스로 내려앉았다고 하니, 아쉬운 게 없어 보였다. 삶의 에너지를 충분히, 몽땅 쓴 사람들의 표정 또한 그러지 않을까?

나뭇잎이 땅으로 내려오기까지의 과정은 우리 삶과 다르지 않아. 살아 있는 모든 것은 만남과 헤어짐이라는 굴레 안에서 태어나고 살다 사라지는 거란다. 너도 엄마도, 이 자연의 질서를 벗어날 수 없지.

그 누구에게도 '영원히'라는 말은 허락되지 않으니, 참 공평하지?

삶의 곳간을 채우려면

철학자 데카르트는 '좋은 책을 읽는 일은 과거의 가장 뛰어난 사람들과 대화를 나누는 것'이라고 했지. 지독한 독서 습관으로 유명한 빌 게이츠는 절판된 책을 워렌 버핏에게 빌려 돌려주지 않을 정도로 책을 끼고 살았다고 해. 하버드대 졸업장보다 독서 습관이 더 중요하다며 독서를 강조했던 그는 '오늘의 자신을 만든 것은 동네 도서관'이라고 했다지.

엄마는 독서를 통해 자신의 삶을 다져가고 있는 한 청년을 알고 있다. 스물여덟, 몇 달 전 우리 동네에 서너 평 남짓한 작은 커피숍을 내었단다. 그 골목에는 널따란 창에 나풀거리는 커튼을 매단 큰 커피숍이 열 개도 넘어. 눈에 띌까 말까 할 정도의 작은 커피숍이라서일까? 청년의 커피숍은 손님이 많지 않았어. 온종일 손님이 한 명도 없는 날도 있다던데, 청년은 그리 초조해하지 않더라.

엄마는 가끔 들러 차를 마시고, 만남이 있는 날이면 몇 안 되는 사람을 끌고 그곳으로 가기도 하지. 손님이 들지 않는 가게에 앉아 있다 보면 좀 애가 타서 말이다. 그런 내 마음을 청년이 알았을까?

"염려 마세요. 매일 저축하고 있어요" 하며 두꺼운 책 한 권을 내보였단다. 손님이 없으니 대신 책을 읽고 있는 중이라더라. 그동안 시간 탓을 하며 읽지 못했던 책을 한 권씩 읽어가는데, 그게 돈보다 더 귀하게 느껴져 행복하다는구나.

가게에 손님이 들지 않는다고 하여 내일을 걱정하지 않고 오늘 책 읽는 즐거움을 놓치기 싫다던 청년, 미루나무처럼 믿음직스러웠다. 그후 엄마는 청년에 대한 걱정은 하지 않기로 했다.

독서를 통해 자기만의 길을 열어간 청년이 또 한 명 있지. 그는 군대에 다녀와 딱히 할 일 없이 빈둥거리던 백수였어. 밤늦도록 게임을 하고 반나절이 지나서야 부스스 일어나 아침 겸 점심을 먹은 뒤, 소파에 누워 TV 채널을 돌리던 청년. 그러던 그가 어느 날, 결심하게 되었단다.

'하루에 책 한 권씩 읽자.'

처음엔 좀 힘들었지만 조금씩 집중력이 늘어 차츰 읽는 게 쉬워졌다고 해. 그는 책을 읽고 난 후 자신의 생각을 노트에 적었다지. 자신의 독서 체험을 하루하루 온라인상에 올려 독서에 관심을 갖고 있는 사람들과 공유했고.

그렇게 3년, 읽은 책이 이천 권이 넘자 자신이 삼 년 전의 백수가 아니라는 걸 알았단다. 그는 자신의 생각을 담은 독서 노트를 체계화시켜 그걸 바탕으로 회사를 차렸고, 현재 독서 관련 강연을 하고 있어.

놀랍지?

엄마는 신학기가 되면 신입생들에게 독서리스트를 제출하도록 했어. 졸업 후 '학생들이 책을 천 권쯤 읽었다고 입사 소개서에 쓸 수 있다면 얼마나 좋을까?' 하는 바람을 갖고서 말이다. 그런데 학생들 독서리스트가 참 초라했단다. 어떤 학생은 만화책 시리즈를 적어 내기도 했거든. 안타까웠지.

며칠 전 동네 산책을 하던 중 '빨강장화'라는 이색 간판이 눈에 들어왔다. 간판 아래 '북클럽'이라는 작은 글씨가 마음에 들어 창 안을 들여다보니, 노란 전구 아래 서너 명의 여성이 모여 얘기를 나누고 있었어. 읽은 책에 관한 토론을 하고 있는 것 같았지. 그 모습이 오래된 영화의 한 장면처럼 아름다웠다. 방해가 될까 싶어 서둘러 자리를 떴지만, 지금도 알전구 아래 모인 여성들의 넉넉한 모습이 눈에 선하다.

천 번을 강조해도 부족하지만, 독서는 네 삶을 지탱해주는 주춧돌이며 곳간이라는 걸 잊지 말아라.

잠자기 전 책 읽는 네 습관, 엄마가 칭찬한다. 그 습관을 끝까지 놓지 말아라. 이다음 네 아이들, 네 손자들에게도 그 습관이 이어질 수 있다면 참 좋겠구나.

천 번을 강조해도 부족하지만, 독서는 네 삶을
지탱해주는 주춧돌이며 곳간이라는 걸 잊지 말아라.

끝이 아니라 시작이란다

마침표는 한 문장의 끝이지. 하지만 그것은 곧 새로운 문장이 시작된다는 표시이기도 해.

문이 닫혔다고 생각하는 사람은 마지막을 생각하고, 열기 위해 문이 닫힌 것이라고 생각하는 사람은 내일을 생각하지.

마침표가 또 다른 문장의 시작을 예견하듯 우리의 삶도 그래.

네가 하는 공부와 일 또한 시작과 마지막, 그 안에서 반복되겠지. 그 지난한 과정 속에서 너는 성장할 거야.

그러니 네게 '마지막'이라고 느끼는 순간이 올 때, 반드시 '시작'이
함께한다는 걸 잊지 말아라.

그 시작에는 뼈 아픈 통증을 빠져나오며 얻었을 묵직한 깨달음과 어
둡고 긴 터널을 빠져나오며 얻은 단단한 결기가 남아 있다는 것 또한.

두려워하지 마

처마 끝에 매달려 있는 빗방울 하나
훌쩍 뛰어내리면
땅을 적시지
옥수수도 키우지.

.

.

.

떨어지는 걸
두려워하지 마.

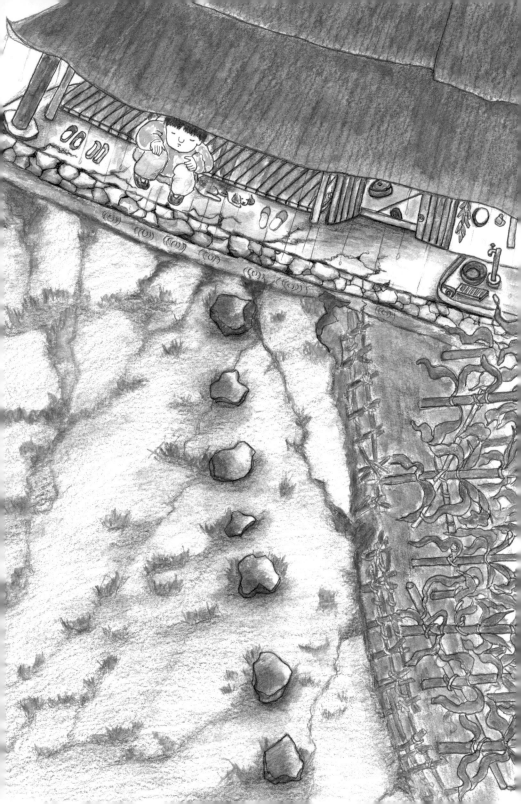

혼자 할 수 없어

엄마의 버킷 리스트에는 '마추픽추 가보기'가 있었어.

나이 육십이 되던 해, 남미행 비행기에 올랐지. 서른다섯 시간이 넘는 시간, 비행기를 갈아타며 페루의 쿠스코까지 가는 일은 쉽지 않았다. 체력의 한계를 느꼈지만 설레었단다.

소매치기, 사기꾼도 많은데 동양 아줌마 끌어다 팔기라도 하면 어쩔 거냐고 다들 겁을 주었지만, 나는 숙소에 도착하자마자 배낭을 두고 밖으로 나갔어. 그런데 그만 길에서 쓰러지고 말았단다.

고산증이라고 했어. 행인들의 도움으로 산소마스크를 쓰게 되었고, 한바탕 난리가 났지. 먼 이국땅에서 생을 마감해 가족을 곤란하게 만든 건 아닌지, 이런저런 생각에 혼란스러웠다.

대중교통을 여러 번 이용해야 하는 마추픽추행 스케줄은 더 이상 진행할 수 없다는 의사의 말을 들었을 때, 하늘이 무너지는 것 같았다. 어떤 마음으로 이곳까지 왔는데? '다 된 밥에 코 빠뜨린다' 하더니, 영 그 꼴이지 싶었다.

억울하고 억울해서 잠을 이룰 수 없었어. 고산증에 좋다는 차를 마셔가며 저녁 내내 쏟아지는 장대비 소리를 들었다.

약 때문에 정신이 몽롱했지만 나는 짐을 챙겼고, 새벽이 되자 가이드와의 약속 장소를 향해 비틀거리며 걸어갔단다. '죽어도 그곳에 가서 죽어야지'를 곱씹으면서 말이다.

그렇게 찾아간 마추픽추. 왈칵 눈물이 쏟아졌다. 힘든 여정 때문이기도 했지만, 인간이 해낸 엄청난 일에 대한 놀라움, 경외감 때문이었던 것 같아.

높은 산기슭, 잉카인들은 외세의 침략으로부터 일상을 지켜내려고 돌을 쌓았지. 무게를 가늠할 수 없는 돌덩이를 얼마나 많은 사람이 시간을 들여 다듬고 쌓아 집을 짓고 담을 만들었을까. 일상을 지켜내려는 그들의 간절한 기도가 돌덩이 하나하나에 담겨 있다고 생각하니, 숙연해졌다.

변변한 기구도 없었을 텐데, 기하학적으로 쌓아 올린 돌담을 보니 입을 다물 수 없었어. 돌덩이 하나가 구르면 하루는 걸려 계곡 아래에 닿을 법한 높이, 길가던 구름이 쉬었다 갔을 산봉우리, 그 언저리에 만든 도시. 사람들은 그곳을 '공중도시'라고 한단다.

그때의 감동을 다시 떠올리게 된 건 얼마 전 다녀온 통도사 한 켠에 있던 돌담이었다. 감나무 한 그루가 기대고 서 있던 돌담, 돌멩이 한 개가 살짝 비어져 나와 있었다. 조마조마했지.

그 돌멩이 하나가 빠져나온다면? 담이 와르르 무너질까 봐 불안했단다.

학생들에게 그룹 과제를 내어주고 평가를 한 적이 있었다. 평가가 끝나자 한 학생이 찾아와 불만을 털어놓았어.

팀원 중 한 명이 제대로 참여하지 않아 낮은 평가를 받았다는 거였지. 자신은 열심히 참여했는데, 억울하다며 눈물까지 보였단다.

"높은 평가를 받았다면 마음이 어땠을까?"라고 묻자, 그 학생이 이렇게 말했어.

"그 애가 억수로 운이 좋은 거죠!"

자신이 낮은 평가를 받은 건, '제대로 참여하지 않은 팀원 때문이고, 높은 평가를 받은 건 자신이 잘해서'라고 생각했던 그 학생, 지금도 그런 생각을 하고 있을까?

마추픽추의 돌담을 쌓던 잉카인 한 명이 돌덩이 하나를 살짝 비틀어놓았다면 어찌 되었을까.

그 오랜 시간을 견디며 공중도시가 존재할 수 있었을까. 돌멩이 하나가 제 자리를 박차고 나간다면?

엄마의 학생에게 '팀이 높은 평가를 받을 수 있는 방법은 서로 협력하며 이끌어주는 거였다'는 말을 건넸는데, 그 학생이 잘 알아들었는지 모르겠다.

네가 그런 사람이 아니길 바라. 공중도시 마추픽추가 오랜 시간을 견디며 지금까지 존재할 수 있었던 건, 돌멩이 하나하나가 서로의 무

게를 받아들이며 어깨를 맞대고 있었기 때문이라는 것, 네가 꼭 알았
으면 해.

잘 건너고 있니?

징검다리를 건널 때, 엄마는 늘 긴장하게 되더라. 더 깊은 물이라고 생각할 때는 더더욱 그래. 발을 잘못 디뎌 빠지면 어쩌나! 미리 걱정이 많지. 좀 대범하게 건너면 좋으련만.

너야 아직 젊지만, 내 나이가 되다 보면 가능한 한 실수와 후회를 줄이려고 이것저것 따져가며 더 조심하게 된단다.

네 나이쯤엔 "징검다리쯤이야, 뭘!" 하며 경중경중 뛰어갈 수 있을 거야. 누군가가 칭찬 몇 마디 얹어주면 더욱 그러겠지.

사탕발림 식의 칭찬이라면 더욱 그렇단다. 상대의 마음을 사려고, 입에 침이 마르지 않게 칭찬하는 사람도 있거든. 이런 사람을 조심해야 한다. 약이 되는 칭찬인지, 독이 되는 칭찬인지 구분도 못 하고 칭찬에 교만해지면 징검다리를 건너다 물에 빠져 몽땅 젖게 될 거야.

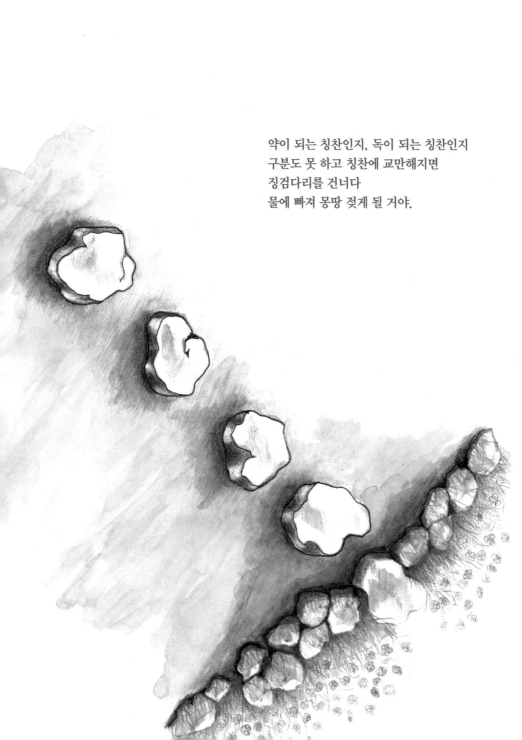

약이 되는 칭찬인지, 독이 되는 칭찬인지
구분도 못 하고 칭찬에 교만해지면
징검다리를 건너다
물에 빠져 몽땅 젖게 될 거야.

사탕발림 칭찬에 뒤통수 맞고 패가망신한 사람, 엄마는 여럿 봤다. 삶을 망치는 경우도 있단다. 교만해지기 때문이야.

혹여 네가 칭찬에 들떠 징검다리를 건널까 싶어 엄마가 이렇게 편지를 쓴다.

'칭찬은 고래도 춤추게 한다'고 하던데, 칭찬에 춤만 추던 고래가 언젠가 고래 쇼에 출연하는 날이 올 수 있다는 걸 늘 잊지 말아라.

분수를 지키려면

애야, '분수'가 왜 '분수'인지 아니? 아무리 물을 높이 뿜어 올려도 결국 내려오고 마는 '분수'. 그래서 이름이 '분수'라는 걸 엄마도 이제야 알았어.

'분수'를 알아야지. '분수'껏 살아야지. 할머니가 늘 내게 하신 말씀이었다. 허황된 것을 꿈꾸지 말고 성실하게 살라 했던 말씀이셨지.

뜰이 넓은 기와집, 침대에서 잠을 자는 친구 집에 다녀와 투정 부렸던 날, 할머니는 "걔네 엄마 그리 헤프게 살다가 거리에 나앉을 거다"라고 하셨단다.

가진 게 많은 그 친구를 부러워하던 어린 시절이었다. 우리 집에 없는 것들이 그 친구 집에는 많았거든. 그 친구의 집은 현실과 거리가 먼 동화 속에서나 등장하는 집만 같아서 나는 탐정이 된 기분으로 친구 집에 드나들곤 했단다.

그리고 마침내 밝혀낸 사실 하나, 친구가 몹시 외로워한다는 것. 엄마가 없는 것처럼 살았던 친구는 나와 함께 놀고 함께 자고 싶다며 늘 졸랐지. 하지만 바깥 잠을 허용하지 않으셨던 할머니'를 원망하며 나는 집으로 돌아오곤 했다.

그러던 어느 날, 할머니의 말씀대로 친구 엄마에 대한 좋지 않은 소문이 동네에 떠돌았고, 친구는 학교에 나오지 않았어.

나는 하루아침에 친구를 잃은 슬픔과 친구 집에 대한 탐험을 끝내지 못한 걸 못내 아쉬워하며 끙끙 몇 날을 앓았다.

"허황된 꿈을 꾸다 폭 망한다!"

할머니는 내가 누군가를 부러워할 때마다 친구 얘기를 반복하셨다.

나는 밤마다 주소도 남기지 않고 떠난 친구에게 부칠 편지를 일기장에 쓰며, 친구가 보내올 편지를 기다렸지만, 친구의 소식은 끝내 오지 않았다.

분수를 볼 때마다 할머니가 떠오르고, 어느 날 말없이 떠난 친구가 생각나곤 해.

허황된 꿈을 꾸고 그 꿈을 현실로 만들려고 안달이 날 때가 있지. 설령 올라갔다 내려오는 분수처럼 떨어져 산산조각이 날지라도 당장 갖고 싶은 걸 내 것으로 만들고 싶은 마음 말이다.

그것이 자신의 능력 밖의 것임에도 불구하고 용을 쓰지. 죽을지도 모르고 전구를 향해 돌진하는 불나방처럼.

이성을 잃고 통제불능의 상태가 되면 주위의 그 어떤 조언도 들리지 않을 때가 있단다.

할머니처럼 엄마도 너에게 똑같은 말을 하게 되는구나.

일확천금을 꿈꾸며 허황된 것에 정신을 잃고 폭 망하는 짓은 하지 말아라. 할머니가 말씀하셨듯 남의 화려한 기와집을 부러워하지 말고 네가 서 있는 지금 이곳, 이 자리가 소중한 자리라는 사실을 잊지 말아야 한다.

친구처럼 일등을 하지 못하고, 친구처럼 갖지 못하고, 친구처럼 인기를 얻지 못하고……. 친구가 너와 비교 대상이 된다면 너는 한없이 가난하고 나락에 빠져 허우적거리게 될 거다.

너는 너다. 친구처럼 살려고 하지 말고 너답게, 네 모습 그대로 네 능력을 펼치며 따복따복 걸어가면 되는 거다. 그게 할머니가 말씀하신 '분수'를 지키며 사는 것 아니겠니?

자신의 능력과 가지고 있는 에너지의 양을 알고 지나치게 앞서가지 않기, 그래야 네 삶이 건강하고 견고해진다.

늘 자기 삶에 충실하지 못하고 남의 성공이나 좇다 보면 너는 실체 없는 삶을 살 수밖에 없을 거야.

나무는 지상으로 뻗어 올린 키만큼의 길이로 땅속에 뿌리를 내린단다. 그래야 그 어떤 폭풍이 몰아쳐도 쉽게 넘어지지 않거든.

엄마는 네가 현실에 뿌리를 내리고 나무처럼 살았으면 해.

'사람은 마음먹은 만큼 행복하다'고 했던 에이브러햄 링컨의 말을 마음 한 켠에 얹어두길 바란다.

네 하루에 등을 하나 걸어두자

5분간 스쿼드를 하면 칠십 개를 할 수 있다.

하루 딱 5분!

네 건강을 위해 그것조차 할 수 없다면 어쩌면 넌 모든 걸 잃게 될지 몰라.

덜 갖고도 더 즐겁게 사는 사람이 있고, 더 갖고도 불행하다고 느끼는 사람이 있더라.

부러워하지 마

큰 나무 옆에 작은 나무 한 그루가 서 있었어. 키가 작은 나무는 키가 큰 나무를 늘 부러워했단다.

"나는 언제 너처럼 키도 크고 멋진 나무가 될까?"

"내가 부럽니? 나는 네가 부러운걸!"

종일 올려다보고 있는 작은 나무가 걱정되어 큰 나무가 다정하게 말했어.

"나를 놀리는 거야? 날 부러워하는 이는 아무도 없거든. 너는 무시당하며 사는 게 어떤 건지 모를 거야."

"작은 나무야, 그동안 마음고생이 심했구나. 하지만 네가 내 사정을 몰라서 그래. 내 삶도 만만치 않단다. 얼마 전에는 태풍이 몰아쳐 팔을 하나 잃었지. 번개는 번쩍번쩍 천둥은 우르르 쾅쾅, 비바람은 어찌나 거센지. 내가 태어나 그렇게 무서운 밤은 처음이야. 밤새 울었지

215

만, 누구 하나 날 위로해주지 않았단다. 팔을 잃은 고통보다 무서운 건 외로움이었어."

작은 나무는 큰 나무가 그런 아픔이 있다는 사실을 몰랐어. 그저 무성한 잎을 달고 늠름하게 서 있어 부러울 게 없어 보였거든.

"정말 네가 그런 줄 몰랐어. 넌 늘 완벽해 보였거든."

작은 나무는 생각했어.

'만약 내가 큰 나무였다면 팔이 잘려 나갔겠지? 한 개가 아니라 두세 개쯤은 잘려 나갔을지도 몰라. 아휴 무서워.'

'부러우면 지는 거'라는 말 많이 하지? 자신의 처지를 비관하며 남을 부러워할 때, 내가 상대적으로 초라하다고 느낄 때, 마음은 한없이 가난해진다.

타인과 나를 비교해 상대적 빈곤감 내지는 박탈감을 느낄 때, 처연하고 우울해지지. 너는 그런 적 없었니?

모파상이 쓴 〈목걸이〉가 생각난다. 친구의 진주 목걸이를 빌려 목에 걸고 파티에 갔던 마틸다는 그 목걸이를 잃어버렸어. 그녀는 그 목걸이를 사서 돌려주려고 온갖 궂은 일을 하며 돈을 모았지. 마침내 목걸이를 돌려주려고 갔는데, "그 목걸이 가짜야" 하고 친구가 말했지.

어쩌다 이런 일이 생겼을까? 둘 다 마음이 가난했던 거지. 가짜 목걸이를 걸고서라도 자신을 돋보이게 하려 했던 친구나 친구 목에 걸린 목걸이를 부러워하던 마틸다나 별반 다르지 않아.

216

삶이 호락호락하지 않다는 걸 너도 조금씩 알아가고 있을 거야.
크고 작은 매듭이 네 앞에 나타날 때는
원망하거나 낙담하지 말고 차근차근 하나씩 풀어가야 해.

누구나 똑같은 삶을 살 수 없지. 친구가 가지고 있는 것을 갖지 못했을 때 허전하고 우울한 사람은 정말 마음이 가난한 거다.

물질이 인간의 정신을 지배한다는 말, 엄마는 믿지 않아. 마음에 무엇을 품고 사는가에 따라 행복하거나 불행해질 수 있다는 것을 명심하거라.

네가 네 환경과 삶을 부정하면 그 누구도 너를 인정하지 않아. 남을 향한 시선을 거두고 네 삶에 집중해야 한다.

삶이 호락호락하지 않다는 걸 너도 조금씩 알아가고 있을 거야. 크고 작은 매듭이 네 앞에 나타날 때는 원망하거나 낙담하지 말고 차근차근 하나씩 풀어가야 해. 그렇게 한 걸음 한 걸음 가면 돼.

오늘도 엄마는 네가 네 삶에 집중하고 있다고 믿는다. 고통과 아픔도 의연히 받아들이며 삶에 집중하는 큰 나무처럼 말이다.

이렇게 말해볼까

너, 지금 외롭지?

나도 그래.

너, 지금 힘들지?

나도 그래.

우리,
더 이상
센 척하지 말자.

마음에 무엇을 두었니?

미국에 머무는 동안 서부 사막에 다녀온 적이 있었다. 끝도 없이 펼쳐진 모래사막. 뜨거운 햇살 아래 키 작은 관목들이 이따금 불어오는 바람과 이슬에 기대어 사는 곳. 그저 '황량하다'라는 말로 설명할 수밖에 없는 곳이었다.

그런데 그곳에 다양한 선인장, 꽃과 열매가 있었어. 이런 척박한 곳에 뿌리를 내렸다니! 그 작은 생명체들을 보는 순간 숙연해졌다.

물은커녕 습기도 찾아볼 수 없는 사막에서 터를 잡고 생명을 키우느라 얼마나 힘들었을까. 내가 식물의 말을 알았더라면 이런 척박함을 어떻게 견뎌내느냐고 꼭 물었을 거야.

그곳에 작은 식물들이 소리 없이 살고 있다는 걸 인지한 순간, 내 안에 있던 '황량하다'라는 단어가 말끔히 사라졌다.

너는 '사막'이라는 단어를 생각하면 어떤 이미지가 떠오르니? 모래? 별? 낙타? 아니면 오아시스? 엄마는 이런 낱말 외에도 생텍쥐페리가 떠오른다.

나는 그가 쓴 《바람과 모래와 별들》이라는 초판본을 읽었던 날을 잊을 수가 없다. 그는 사막의 바람과 모래 그리고 별과 노을이 얼마나 아름다운지, 인간이 자연 속에서 얼마나 작고 초라한 존재인가를 그 책을 통해 얘기했거든.

그 책을 아껴가며 읽고 또 읽었는데, 누렇게 바랜 그 책을 지금도 보물처럼 가지고 있어. 그는 깨달음의 장, 원초적 순수를 꿈꾸는 인간의 마지막 땅이 '사막'이라고 했지. 너도 그 책을 읽으면 두고두고 아끼게 될 거다.

사막에서 하루를 보내는 일은 그리 녹록지 않았다. 무엇보다 태양에 달궈진 모래 위를 걷는 게 쉽지 않았어. 그 메마른 땅에서 작은 관목들과 가시선인장들이 자라고, 작은 생명체들이 쉬지 않고 움직인다는 게 경이로웠다.

밤이 되면 주먹보다 더 큰 별들이 한꺼번에 쏟아져 사막이 온통 빛으로 가득 찼다. 밤의 차가운 공기 사이사이마다 빈틈없이 내려앉은 별빛 때문에 쉽게 잠들 수 없었다.

마음에 무엇을 품고, 무엇을 생각하며 사는가에 따라 보이는 것이 달라진다는 걸 그때 알았다. 마음에 '황량하다'라는 말을 품고 사막을 걷다 보면 모래만 보이지만, '아름답다'라는 말을 품고 걸으면 바람과 별이 보인단다.

호박씨를 깐다고?

오늘, 점심으로 호박죽을 끓여 먹었다. 버리기 아까워 호박씨를 팬에 볶아 까먹었는데, 아주 고소하더라. 그런데 '호박씨를 깐다'는 말이 떠올라 좀 웃었단다.

'호박씨를 깐다'라는 말, 들어본 적 있니? 사전을 펼쳐보니, '겉으로 얌전한 체, 어리석은 체하며 남이 보지 않는 데서 교활한 짓을 한다'라고 쓰여 있구나.

살면서 이런 말을 쓰는 일이 없어야 하는데, 이 말을 쓰지 않고는 안되는 사람이 있긴 있더라. 오랫동안 흉허물없이 마음을 터놓고 지내온 친구가 나 몰래 호박씨를 깠다는 걸 알게 되었을 때, 망치로 뒤통수를 한 대 얻어맞은 기분이 들지.

너는 살면서 절대 호박씨는 까지 말아라. 좋은 관계를 오래 지속하는 것은 '호박씨를 까지 않는 것'이란다. 너보다 삼십 년 넘게 산 엄마가 하는 조언이니 잊지 말고.

사전을 펼쳐 든 김에 '호' 자로 시작하는 낱말을 찾아보니 예쁜 말이
참 많구나.

호두, 호미, 호밀, 호박, 호랑나비, 호리병, 호수, 호빵…… 호랑이도
있네. 어흥!

네 발 아프지, 개구리 등 터지지

이유 없이 화가 나는 날이 있어. 그럴 때 너는 어떻게 하니?

밖에 나가 돌멩이를 찬다고? 아마 네 발이 아플걸! 지나가던 개구리 등이 터질지도 몰라. 아니면 남의 집 유리창이 깨질 확률이 더 높겠다. 유리창이 깨지면 변상해주면 되겠지만, 순간 화를 다스리지 못해 네 삶이 망가질 수도 있다면 어떻게 할래?

친구와의 관계도 어렵고, 나만 삶이 늘 꼬이고……. 하루하루가 질척거린다는 생각이 들 때 짜증이 나지. 소화도 안 되고 사는 게 꿀꿀하지, 우울하지. 늘 이런 삶이 계속된다면? 생각만 해도 숨이 턱턱 막힌다.

삶이 호락호락하지 않다는 걸 깨닫기까지는 시간이 좀 걸린단다. 오래 숙성시킨 된장이나 간장에서 깊은 맛이 우러나듯 시간과 마음을 들여야 값진 것들을 얻을 수 있어.

영화 〈앵그리스트맨〉이 떠오른다. 살 수 있는 시간이 얼마 남지 않은 남자. 영화의 제목처럼 그는 늘 화를 내고 투덜댄다. 삶이 자기 뜻대로 되지 않아 늘 화가 나 있었던 거지. 아내와 이혼하고 자식들과는 뿔뿔이 헤어져 외롭게 살았던 남자, 어느 날 병원에 찾아간 그 남자에게 새내기 의사가 이렇게 말했단다.

"당신은 구십 분밖에 살 수 없어요."

그 남자, 얼마나 놀랐을까. 하루도 아니고 90분이라니? 그는 잠시 정신을 잃는가 싶더니 90분 동안 해야 할 일을 찾아 나선다. 자신의 잘못된 과거를 후회하며 몇 년처럼 90분을 써보려 했지. 그 남자, 과연 어찌 되었을까?

격포 채석강에 갔던 날 생각나니? 그날 엄마는 정말 놀랐다. 켜켜이 쌓인 암석이 약 7백만 년 전 백악기 화산 분출로 말미암은 퇴적암이라니! 얼마나 놀랐는지 몰라. 오랜 세월 해돋이와 해넘이를 보며 파도와 바닷바람까지 품은 암석층 앞에서 우리 인생이 얼마나 짧고 허망한가를 깨닫고 하루하루 기쁜 마음으로 보내야겠다 다짐했단다.

1969년 달에 최초로 첫발을 내디딘 미국의 천문학자 닐 암스트롱은 우리가 사는 지구를 가장 먼 거리에서 본 사람일 거야. 그는 엄지를 치켜올린 후 한쪽 눈을 감으면 지구는 완전히 엄지에 가려져 엄청 작은 존재로 느껴졌다고 했지.

1977년 태양계 탐사를 위해 발사된 무인 인공위성 '보이저호'에서 바라본 지구 사진 한 장이 1990년 2월 나사에 전송되었다. 이 사진을 본 과학자 칼 세이건은 '창백한 푸른 점'이라는 제목을 붙인 글을 썼는데, 그의 글을 엄마는 잊을 수가 없다.

모든 장군과 황제가 아주 잠깐 저 점의 작은 부분의 지배자가 되기 위해 흘렸던 수많은 피의 강을 생각해보라. 우리의 만용, 우리의 자만심, 우리가 우주 속의 특별한 존재라는 착각에 대해 저 창백하게 빛나는 점은 이의를 제기한다. 우리 행성은 사방으로 뒤덮은 어두운 우주 속의 외로운 하나의 알갱이다. 다른 세계를 방문할 수는 있지만, 정착은 아직 불가능하다. 좋든 싫든 현재로선 우리가 머물 곳은 지구뿐이다. 천문학을 공부하면 사람이 겸손해지고 인격이 함양된다는 말이 있다. 멀리서 찍힌 이 이미지만큼 인간의 자만이 어리석다는 걸 잘 보여주는 건 없을 것이다.

우주라는 공간에 '점'. 그 안에 살고 있는 우리.

그러니 오늘 네가 안고 있는 문제가 아무리 많고 화낼 일이 아무리 많아도 그리 고민하며 좌절하지 말아라. 이 일 저 일 생각하며 복닥복닥 속앓이한들 당장 해결될 문제가 아니라면 후, 깊이 숨을 내쉰 뒤 호흡에 집중해야 해.

엄마는 화가 좀 치밀어 오르는 일이 있을 때, 숨을 깊이 내 쉬고 천천히 숫자를 셋까지 센단다. 그래도 마음이 가라앉지 않으면 열, 그 이상도 세곤 해. 화를 좀 누그러뜨려 망칠 뻔한 일을 망치지 않았던 때도 있었다. 산책이나 달리기를 하면 마음이 고요해지기도 하고.

비행기나 잠수함처럼 하늘이나 물속에서 높은 기압과 수압을 견뎌야 하는 것들의 유리창은 동그라미라고 하더라. 네모나 세모, 모서리가 있는 것들은 쉽게 꺾이고 부서지기 쉬운데 동그라미는 모서리가 없어 쉽게 깨지지 않는다고 해.

심한 스트레스를 받거나 화가 치밀어 오를 때 망가지지 않게 네 마음도 동그라미였으면 좋겠다. 후, 하고 숨을 내쉴 때 도넛 모양이 되는 네 귀여운 입처럼 말이다.

함께 살자

요즘 엄마는 환경과 먹을거리에 대한 생각이 많아졌다. 그래서 오늘은 너에게 몇 가지 책을 소개할까 해.

엄마 책상에 늘 놓여 있는 책《월든》,《음식혁명》그리고《왜 세계의 절반은 굶주리는가?》에 대한 얘기해볼까 하는데, 괜찮지?

헨리 데이비드 소로우가 쓴《월든》은 뉴욕 근처 콩코드 파크 월든 호숫가에 통나무집을 짓고 살며 자기 생각을 적어 내려간 그의 일기다. 그는 그곳에서 최소한의 것만을 가지고 자급자족하며 살았지. 물질의 족쇄를 벗어 던지고 자연 친화적인 삶을 살아야 자유로운 삶을 살 수 있다고 했어.

그가 살던 통나무집을 방문했던 날, 서너 평 됨 직한 통나무집에 놓인 그의 작은 침대와 부엌살림을 보고, 내가 너무 많은 걸 가진 채 너절하게 산다는 걸 깨달았다.

생각 없이 먹고 마시고 버리는
너의 행위 하나하나가 네 삶은 물론
공동체의 삶을 위협한다는 것도 잊지 말아라.

자연 친화적인 삶만이 모두가 공존하는 삶이라고 주장한 사람은 《음식혁명》을 쓴 존 라빈스야. 그는 아이스크림 '베스킨 라빈스' 창업주의 외아들로, 아버지의 사업을 이어받지 않고 환경운동가가 되었지. 인간의 무분별한 환경파괴와 인간의 먹을거리에 관한 글을 쓰고 전 세계를 다니며 강연을 하고 있어. 아들 손자에 이르기까지 숲속에 통나무집을 짓고 손수 채소와 닭을 기르며 자연 친화적인 삶을 실천하고 있단다.

그의 책《음식혁명》을 보면 우리가 생각 없이 먹는 고기, 유제품이 얼마나 자연을 황폐화하는지, 우리 몸을 어떻게 망가뜨리고 우리 삶을 어떻게 위협하는지 알 수 있어.

낙농업의 성장과 더불어 세계의 절반이 굶주리고 있다고 일갈한 사람은《왜 세계의 절반은 굶주리는가?》를 쓴 장 지글러 교수야. 유엔 인권위원회 식량특별조사관으로 활동한 그는 동물에게 먹이는 곡물 사료만으로도 기아를 줄일 수 있다는 통계자료를 내놓았지.

엄마 때문에 앞으로 고기는 물론 아이스크림도 먹을 수 없게 되었다고 투덜대는 일이 있더라도, 네가 꼭 한 번쯤 이런 문제에 대해 생각해보았으면 해.

생각 없이 먹고 마시고 버리는 너의 행위 하나하나가 네 삶은 물론 공동체의 삶을 위협한다는 것도 잊지 말아라.

요즘 많은 사람이 먹을거리와 지구 환경문제를 걱정하고 있단다.

미국의 부통령이었던 엘 고어의 〈불편한 진실〉과 존 무어의 〈햄버거 커넥션〉 같은 다큐멘터리 또한 시간을 내어 보았으면 해.

이 두 편의 다큐멘터리는 환경문제와 패스트푸드에 대한 비밀을 낱낱이 파헤치고 있거든. 네가 먹는 햄버거의 패티 하나를 만들기 위해 얼마나 많은 양의 나무가 베어지고 얼마나 많은 양의 물이 필요한지, 이로 말미암아 지구온난화가 얼마나 빨라지고 있는지도 알았으면 해.

환경을 생각하는 것은 우리에게 미래의 삶이 있기 때문이란다. 그래서 엄마는 네가 좀 더 자연 친화적인 삶에 마음을 두고 작은 것 하나라도 실천해갔으면 해. 남과 좀 다른 사람이 되어도 불편하지 않다는 걸 알아가면서 말이다.

청개구리의 눈물

네가 초등학교 5학년이었지, 아마. 엄마의 학생들과 네팔 여행 중 휴게실에서 일어났던 일은 영원히 잊지 못할 거야.

그때, 고속도로 휴게소 화장실에 들렀지. 히말라야 기슭, 구불구불한 편도 1차선의 고속도로였어.

운전기사는 날이 어두워지기 전 숙소에 도착해야 한다며 서둘렀지만, 학생들의 급한 용무 때문에 결국 화장실 앞에서 내려주었어.

한 칸짜리 재래식 화장실을 여러 명이 쓰기에 시간이 충분하지 않았지만, 시간에 맞춰 겨우 출발했지.

버스가 삼십 분쯤 달렸을까? 한 학생이 말했지, 네가 보이지 않는다고. 장난이라고 생각했는데, 확인해보니 너는 버스 안에 없었다.

어렵사리 버스를 돌려 휴게소를 향해 가는 동안, 엄마 속은 바짝 마른 멸치 똥이 다 되었어. 날은 어두워지는데, 별별 생각이 다 들었다.

모두 가슴을 졸이며 너를 찾아가던 중, 아주 느긋한 걸음으로 걸어오고 있는 너를 발견했지. 황급히 버스에서 내려 뛰어간 나를 보고 너는 이렇게 말했어.

"노을이 참 예뻐!"

엄마는 걱정하느라 오이장아찌가 되었는데, 느긋하게 노을 감상을 했다니? 참 어이가 없었다.

꼴찌로 화장실에 갔다 왔는데 버스가 없었다고 너는 말했어. 1차선 고속도로라 한 방향으로 걷다 보면 찾으러 오겠지, 생각하며 걸었다니! 할 말을 잃었다.

그 일뿐 아니야. 그해 겨울, 사촌 동생 초등학교 입학 기념으로 눈썰매장에 갔던 날이었지.

너는 제시간에 약속 장소에 오지 않았어. 약속 시간이 이십 분이나 지났는데 말이다. 그래서 엄마는 너를 그곳에 두고 집으로 돌아왔지.

두 시간이 지나 돌아온 네가 "왜 두고 갔냐?"며 항의했던 거 기억나니? 그날, 일기를 쓰다 잠든 동생 일기장을 보니 이렇게 쓰여 있더구나.

'오늘 눈썰매장에 갔다. 오빠 때문에 기분 다 망쳤다. 나는 앞으로 약속을 잘 지켜야겠다.'

사르트르는 '약속은 말이 아니라 행동'이라고 했단다. 이 말은 지키지 않을 약속은 의미가 없다는 말이기도 해. 나폴레옹은 '약속을 잘 지키는 최선의 방법은 약속을 안 하는 것'이라고 좀 황당한 말을 했지만, 둘 다 약속이 얼마나 중요한가를 두고 한 말이야.

가족, 학교, 친구, 동료, 직장에 이르기까지 생활 속에서 약속이 없다면 모든 게 엉망이 되거든. 법과 규범, 크고 작은 약속은 관계를 이어주고 지탱하는 데 다리 역할을 한단다.

엄마도 약속을 완벽하게 지키며 살았다고 단언할 수 없지만, 약속을 지키려고 노력하며 살고 있다.

엄마와의 약속을 너무 잘 지킨 청개구리 이야기, 너도 알 거야. 지긋지긋하게 엄마 말도 안 듣고 말썽부리던 청개구리 이야기 말이다.

엄마가 동쪽으로 가라고 하면 서쪽으로 가고, 남쪽으로 가라고 하면 북쪽으로 가 엄마 속을 홍어 젖으로 만들곤 했지. 그런 아들 때문에 화병이 생긴 엄마는 청개구리에게 유언을 남겼어.

"아들아, 엄마가 죽거든 제발 엄마를 산에 묻지 말고 저 앞 시내에 묻어다오."

엄마의 유언만은 꼭 들어주어야겠다고 생각한 청개구리는 엄마가 세상을 뜨자 엄마를 시내에 고이 묻어드렸어. 그런데 웬걸, 비가 쏟아져 큰물이 들자 엄마의 무덤이 떠내려 갔지, 뭐야.

떠내려가는 엄마의 묘를 바라보며 청개구리는 목놓아 울었어.

"개골, 개골, 개골. 우리 엄마 떠내려가네! 개골, 개골."

비만 오면 청개구리는 떠내려가는 엄마를 생각하며 지금도 목놓아 울고 있단다.

너는 그런 청개구리가 되지 않길 바라. 엄마가 너를 눈썰매장에 왜 두고 왔는지 살면서 잊지 말고. 이다음에 네 아이들, 네 손자들에게도 꼭 그 얘기를 들려주며 한마디 덧붙인다면 더 좋을 거야. 이렇게 말이다.

"약속을 지키는 것은 타인에 대한 신뢰를 다지는 거란다."

두려움이 두려움을 낳는다

지리산 정상에 올라 발아래 펼쳐진 운해를 보고 싶은 마음이 간절하던 대학 시절이었다. 친구들과 이마에 전구를 달고 밤새 올라간 정상에서 내가 고소공포증을 가지고 있다는 걸 알았지.

끝없이 펼쳐진 운해, 떠오르는 붉은 해를 바라보며 탄성을 지르는 사람들 틈에 정상 표지석을 부여잡고 앉아 나는 부들부들 떨었다. 산 아래 누군가가 내 몸을 잡아당기는 것만 같았어. 호흡이 가빠지고 꽁지뼈에 통증이 시작되며 공포가 밀려왔지.

친구들은 표지석에 달라붙어 있는 나를 끌어내 사진을 찍겠다고 야단들이었지만, 나는 한 발짝도 움직일 수 없었단다. 일어서는 순간 천 길 낭떠러지로 굴러떨어질 것 같았거든.

내 안의 두려움, 공포를 몰아낸 순간 또 다른 세상이
내 앞에 펼쳐졌단다.

나이 육십이 되면서 패러글라이딩을 하고 싶었다. 600미터 앞산 정상에 오르는 일에도 겁을 내던 내가 그런 꿈을 꾸다니! 좀 허무맹랑했지만, 언젠가는 꼭 해볼 것이라는 말을 곱씹곤 했지. 그런데 미국 모기업에서 우주여행 예약을 받는다는 기사를 읽던 날이었지, 아마.

'언제까지 꿈만 꿀 거야?'

나는 인터넷 창에 '패러글라이딩' 여섯 글자를 입력했고, 친구에게 동행해주기를 요청했다. 친구의 놀란 표정이라니!

마음이 변하기 전, 서둘러 활공장이 있는 곳으로 떠났지. 막상 도착하니 온갖 망상에 몸이 움츠러들었단다. 사고가 많이 난다는데, 아직 애들 결혼도 안 했고, 죽기엔 너무 이른 나이 아닌가? 이런저런 생각들로 잠을 설쳤다. 하지만 어김없이 아침은 밝았지.

나는 활공을 하지 못할 갖가지 이유를 생각하기 시작했다. 감기에 걸려 기침이 나고 열이 나며 설사까지. 이런 말들을 입안에 가득 채우고 사무실에 전화할까 말까 고민하고 있었지. 친구는 대형기저귀와 우황청심환을 들먹이며 픽픽 웃었다. 친구와 깔깔 웃고 나니 마음이 한결 나아진 것 같았다.

지프를 타고 700미터 정상에 있다는 활공장을 향해 가는 동안, 두려움이 다시 몰려왔다. 돌아갈까? 어쩌지? 어쩌지? 마음이 지옥을 넘나들었다. 두려움을 몰아내느라 호흡을 골랐지만, 지프에서 내리는 순간 숨이 턱 막혔지.

그런 내 마음을 알았을까? 활공을 도와줄 교관이 말했다.

"두려우면 안 하셔도 돼요."

내 안의 두려움을 헤아려준 그의 말이 참 반가웠다. 하지만 나는 고개를 가로저었고, 땅을 두 발로 힘차게 밀어내며 날아가기 시작했지.

"와아! 와아! 와아!"

나는 지나가던 양털 구름이 기절할 만큼 소리를 내지르며 감탄사를 연발했다. 움츠러들지 않았어. 호흡도 정상이었고, 꽁지뼈도 아프지 않았지. 그랬다. 내 안의 두려움, 공포를 몰아낸 순간 또 다른 세상이 내 앞에 펼쳐졌단다.

두려움이 두려움을 낳는다는 것을 그때 알았다.

약해지지 마

   엄마는 어떤 일을 시작하려고 할 때 종종 망설이곤 해. 자신감이 없고 마음이 잔뜩 위축되어 앞으로 나아가지 못할 때 99세에 시집을 낸 시바타 도요 할머니의 시를 읽곤 한다.

   요즘 축 처진 너의 어깨를 보니 필요할 것 같아 시바타 도요 할머니의 시 〈약해지지 마〉를 보낸다. 힘내라, 아들!

있잖아, 불행하다고
한숨 짓지 마
햇살과 산들바람은
한쪽 편만 들지 않아
꿈은 평등하게
꿀 수 있는 거야

나도 괴로운 일 많았지만
살아 있어 좋았어
너도
약해지지 마

나도 괴로운 일 많았지만
살아 있어 좋았어.
너도 약해지지 마!

엄마가 아들에게 전하는
그림 편지

초판 1쇄 인쇄 2022년 7월 1일
초판 1쇄 발행 2022년 7월 11일

지은이 | 강안
그린이 | 강안
펴낸이 | 전영화
펴낸곳 | (주)다연
주　소 | 경기도 고양시 덕양구 삼원로 73 한일윈스타 1422호
전　화 | 031-811-6789
팩　스 | 0504-251-7259
이메일 | dayeonbook@naver.com
편　집 | 미토스
표지디자인 | 강희연
본문디자인 | 디자인 [연;우]

ⓒ 강안

ISBN 979-11-977055-9-5 (03320)